N4 Preparation for
The Japanese Language Proficiency Test

20日間で合格力を身につける！
日本語能力試験対策

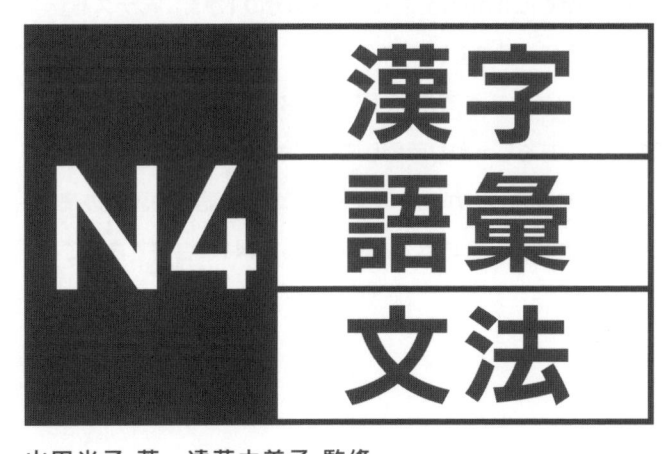

N4 漢字 語彙 文法

山田光子 著　遠藤由美子 監修

三修社

はじめに

この本は、日本語能力試験「N4」を受ける皆さんのための、文法・語彙・漢字の問題集です。

「N4」は、N5からN1までの5つのレベルの中で「生活の中の基本的なことばがわかる」というものです。初級前半が終わって初級後半のレベルと言えます。

この本では、15日分の練習問題でたっぷり勉強した後、5回分の「かくにんテスト」でもう一度チェックできるように作られています。

また、漢字はN5相当漢字以外にはすべてルビ（ふりがな）がつけてあります。問題をやりながら、漢字の読み方もしっかり確認してください。

まず、この本で漢字・語彙・文法をしっかりマスターして、日本語能力試験の読解や聴解問題にもいかしてください。この本で、みなさんがN4に合格できることを祈っています。

＜この本の特長＞

① この本は、N4合格に向けて学習しやすいように「漢字」「語彙」「文法」の順番になっています。

② 15日分の練習問題と5日分のテスト＝全20日間でマスターできるようになっています。

③ 文法は大切なポイントを読んでから、練習問題でしっかり確認できるようになっています。

④ 漢字と語彙は生活の場面に合わせたグループにまとめて、練習問題を作ってあります。

⑤ やさしく勉強がすすめられるように、N5以外の漢字にはルビをつけました。ルビは漢字の下についていますから、できるだけルビを見ないでやってみましょう。

⑥ 「漢字」「語彙」「文法」の最後のページには、日本語の勉強に役に立つコラムがあります。読解問題の練習として、しっかり読んでください。

⑦ 最後に日本語能力試験に合わせた「かくにんテスト」（全40問）が5回分あります。試験の前にチャレンジして、まちがえたところを何回もチェックしてください（テストの順番は、本試験に合わせて「漢字」→「語彙」→「文法」になっています）。

＜この本の使い方＞

「漢字」「語彙」「文法」の順で、たっぷり15日分の練習問題を用意しました。1日にどれだけすすめればいいか、チェック表を見ながら勉強できるので、試験までのスケジュール管理がしやすくなっています。それぞれの最後のページには「にほんごコラム」という読み物のページがありますので、内容はもちろん、読解の練習として楽しんでください。

また、練習問題後の5日間は「かくにんテスト」です。日本語能力試験の出題に合わせた問題ですから、かならずチャレンジして自分の弱点をチェックしましょう。

■漢字

読み問題、書き問題を生活の場面に合わせてグループ分けしてあります。「かくにんテスト」では、練習問題には出てこない新しい漢字も出てきます。どちらもがんばってください。

■語彙

11日目までは生活の場面に合わせて「動詞」と「名詞」の練習問題、12日目からは「い形容詞」「な形容詞」「副詞」の練習問題を用意しました。また、「自動詞・他動詞」「数えるときのことば（助数詞）」「あいさつ」「カタカナで書く国名＆地域名」のページもありますから、こちらもかならず読んでください。

■文法

N4文法のポイントを読んでから、練習問題にチャレンジしてください。その後に、接続詞、敬語のポイントもまとめましたので、しっかり確認してください。

＜文法の記号＞

POINT　　その文法の大切なポイント

PLUS　　できれば、これもおぼえてほしいこと

■かくにんテスト

この本の練習問題をチェックするための問題が全40問×5日分。試験をイメージしながら25分でチャレンジして、100点満点で80点以上をめざしましょう。

＜品詞や活用＞

	この本の表記		れい
動詞（V）	Vじしょ形	動詞の辞書形	書く
	Vます形	動詞のます形	書き
	Vて形	動詞のて形	書いて
	Vた形	動詞のた形	書いた
	Vない形	動詞のない形	書か（「ない」はなく「書か」）
	Vている形	動詞のている形	書いている
	Vふつう形	動詞の普通形	書く　書かない 書いた　書かなかった
い形容詞（イA）	イA	い形容詞の語幹	大き
	イAい	い形容詞の辞書形	大きい
	イAく	い形容詞の語幹＋く	大きく
	イAふつう形	い形容詞の普通形	大きい　大きくない
な形容詞（ナA）	ナA	な形容詞の語幹	便利
	ナAである	な形容詞の語幹＋である	便利である
	ナAふつう形	な形容詞の普通形	便利だ　便利じゃない 便利だった　便利じゃなかった
名詞（N）	N	名詞	雨
	Nの	名詞＋の	雨の
	Nふつう形	名詞の普通形	雨だ　雨じゃない 雨だった　雨じゃなかった

漢字 ... 13　　学習記録

1日目	家族（かぞく）	14	月　日
2日目	生活（せいかつ）	16	月　日
3日目	店（みせ）	18	月　日
4日目	買い物（かいもの）	20	月　日
5日目	手紙（てがみ）	22	月　日
6日目	住所（じゅうしょ）	24	月　日
7日目	外出（がいしゅつ）	26	月　日
8日目	散歩（さんぽ）	28	月　日
9日目	町（まち）	30	月　日
10日目	交通（こうつう）	32	月　日
11日目	学生生活（がくせいせいかつ）	34	月　日
12日目	留学生（りゅうがくせい）	36	月　日
13日目	季節（きせつ）	38	月　日
14日目	旅行（りょこう）	40	月　日
15日目	日本語の勉強（にほんごのべんきょう）	42	月　日

にほんごコラム ... 44

語彙（ごい） ... 45

				学習記録	
1日目	食（た）べる	動詞&名詞	46	月	日
2日目	家族（かぞく）	動詞&名詞	50	月	日
3日目	仕事（しごと）	動詞&名詞	54	月	日
4日目	勉強（べんきょう）する	動詞&名詞	58	月	日
5日目	プレゼント	動詞&名詞	62	月	日
6日目	遊（あそ）ぶ	動詞&名詞	66	月	日
7日目	ニュース	動詞&名詞	70	月	日
8日目	ファッション	動詞&名詞	74	月	日
9日目	健康（けんこう）	動詞&名詞	78	月	日
10日目	暮（く）らし	動詞&名詞	82	月	日
11日目	町（まち）	動詞&名詞	86	月	日
12日目	い形容詞（けいようし）		90	月	日
13日目	な形容詞（けいようし）		94	月	日
14日目	副詞（ふくし）（1）		98	月	日
15日目	副詞（ふくし）（2）		102	月	日

他（ほか）にも、こんなことばをチェックしておきましょう ... 106　月　日

にほんごコラム ... 110

文法 ..... 111 　学習記録

1日目　Vます形＋ 112
- 〜方／〜やすい／〜にくい 112
- 〜だす／〜はじめる 113
- 〜つづける／〜おわる／AながらB 114
- れんしゅうもんだい 115

月　　日

2日目　Vて形＋ 116
- 〜ていく／〜てくる／〜ている 116
- 〜ておく／〜てしまう／〜てはいけない 117
- 〜てもいい／〜てもかまわない／〜てみる 118
- れんしゅうもんだい 119

月　　日

3日目　Vない形＋ ／
Vじしょ形＋ 120
- AないでB／〜ないでください 120
- 〜ないようにする／
- 〜なくてはいけない・〜なければならない／
- 〜なくてもいい・〜なくてもかまわない 121
- 〜ことがある・こともある／〜よていだ 122
- れんしゅうもんだい 123

月　　日

4日目　Vた形＋ 124
- 〜たことがある／〜たり（〜たり）する 124
- 〜たばかり／AたままB／〜たほうがいい 125
- 〜たらどうですか／〜たらいい 126
- れんしゅうもんだい 127

月　　日

5日目　ふつう形＋ 128
- V・イA・ナAな・Nな＋のです（んです）／
- V・イA・ナAな・Nな＋んですが…／
- 〜のは…です 128
- 〜そうだ／〜か…か/〜か（どうか）／
- 〜と言っていました 129
- 〜Vところだ 130
- れんしゅうもんだい 131

月　　日

| 6日目 | V・イA・ナA▓▓▓▓／
N+▓▓▓▓ .... 132 | 月　　日 |

～すぎる／～がります 132
～そうだ　3つの「そうだ」をかくにんしましょう！... 133
　イAい・ナA＋そうだ／Vます形＋そうだ／
　Vます形・イAい・ナA＋そうです
（まるで）Nのようだ／Nらしい 134
れんしゅうもんだい 135

| 7日目 | 可能／変化 .... 136 | 月　　日 |

Nができる／Vじしょ形＋ことができる 136
V可能形をチェックしましょう！ 137
～なる／Vじしょ形＋ようになる 138
れんしゅうもんだい 139

| 8日目 | 推量 .... 140 | 月　　日 |

ふつう形＋だろう（と思う）／
ふつう形＋かもしれない 140
ふつう形＋はずだ／ふつう形＋はずがない 141
ふつう形＋ようだ／ふつう形＋らしい／
ふつう形＋そうだ 142
れんしゅうもんだい 143

| 9日目 | 意志 .... 144 | 月　　日 |

Vじしょ形＋つもりだ／
Vじしょ形＋ようにする 144
Vじしょ形＋ことにする 145
V意向形をチェックしましょう！ 145
　Vいこう形／Vいこう形＋と思います／
　Vいこう形＋とします
れんしゅうもんだい 147

| 10日目 | 理由／目的 .... 148 | 月　　日 |

Vて形・イAくて・ナAで／ふつう形＋ので ... 148
ふつう形＋し、（ふつう形＋し）／
ふつう形＋ために 149

9

　　　　　Vじしょ形＋ために／Vじしょ形＋ように／
　　　　　Vじしょ形＋のに 150
　　　　　れんしゅうもんだい 151

11日目　**比較／命令・禁止** 152
　　　　　AとBと、どちらが〜／AよりBのほうが〜／
　　　　　AはBより〜 152
　　　　　AはBほど〜ない 153
　　　　　V命令形をチェックしましょう！ 153
　　　　　Vます形＋なさい／Vじしょ形＋ように言う
　　　　　れんしゅうもんだい 155

12日目　**使役形／受身形／使役受身形** 156
　　　　　V使役形をチェックしましょう！ 156
　　　　　V受身形をチェックしましょう！ 157
　　　　　V使役受身形をチェックしましょう！ 158
　　　　　れんしゅうもんだい 159

13日目　**条件** 160
　　　　　ふつう形＋と、…／〜たら、… 160
　　　　　〜ても（でも）…／ふつう形＋のに…／
　　　　　ふつう形＋ばあいは… 161
　　　　　Vば形をチェックしましょう！ 162
　　　　　　〜なら…
　　　　　れんしゅうもんだい 163

14日目　**あげる・もらう・くれる** 164
　　　　　（Aが）BにNをあげる／
　　　　　（Aが）BにNをさしあげます／
　　　　　（Aが）BにNをやる／人にNをもらう 164
　　　　　人にNをいただく／人がNをくれる／
　　　　　人がNをくださる／〜てあげる 165
　　　　　〜てさしあげる／〜てやる／（人に）〜てもらう／
　　　　　（人に）〜ていただく／（人が）〜てくれる／
　　　　　（人が）〜てくださる 166

月　　　日

月　　　日

月　　　日

月　　　日

	れんしゅうもんだい ……………………………… 167	
15日目	**助詞** ………………………………………………… 168	月　　日
	Nで／〜に …………………………………………… 168	
	〜を／(数)も／〜しか…ない／〜というN …… 169	
	〜まで…／〜までに／ふつう形＋とか／ 疑問詞＋か／疑問詞＋でも ……………………… 170	
	れんしゅうもんだい ……………………………… 171	
他にも、おぼえておきたい表現 …………………… 172		月　　日
	Nがする／V＋の／V＋こと／〜さ ………… 172	
	〜ちゃ（じゃ）／ふつう形＋の？／ N＋ばかりだ ………………………………………… 173	
	接続詞 ………………………………………………… 174 　A、それにB／A。そのうえB／A。それでB／ 　〜。ところで…／〜。たとえば…／ 　A。それならB／A。けれどもB	
	敬語 …………………………………………………… 175	
にほんごコラム ……………………………………………… 176		

かくにんテスト …………………………………………… 177　　学習記録

16日目（1回目） ……………………………………… 178		月　　日
17日目（2回目） ……………………………………… 186		月　　日
18日目（3回目） ……………………………………… 194		月　　日
19日目（4回目） ……………………………………… 202		月　　日
20日目（5回目） ……………………………………… 210		月　　日
かくにんテスト　解答・解説 ……………………… 218		
＜索引＞ …………………………………………… 222		

<チェック表>

毎日勉強したところを、この表でチェックしましょう！

	漢字		語彙		文法	
1日目	月	日	月	日	月	日
2日目	月	日	月	日	月	日
3日目	月	日	月	日	月	日
4日目	月	日	月	日	月	日
5日目	月	日	月	日	月	日
6日目	月	日	月	日	月	日
7日目	月	日	月	日	月	日
8日目	月	日	月	日	月	日
9日目	月	日	月	日	月	日
10日目	月	日	月	日	月	日
11日目	月	日	月	日	月	日
12日目	月	日	月	日	月	日
13日目	月	日	月	日	月	日
14日目	月	日	月	日	月	日
15日目	月	日	月	日	月	日
	かくにんテスト					
16日目（1回目）	月	日				
17日目（2回目）	月	日				
18日目（3回目）	月	日				
19日目（4回目）	月	日				
20日目（5回目）	月	日				

漢字
かんじ

N5の 漢字も ふくしゅうしながら、
N4の 漢字の「読み」「書き」を マスターしましょう。

Let's learn how to read and write the kanji of N4 while reviewing those of N5.
Các em hãy ôn lại Kanji của N5 song song với việc nắm vững kỹ năng "đọc" và "viết" Kanji N4 nhé!

【漢字は 2 タイプ】

There are two types of exercises:
Có 2 dạng câu hỏi trong phần Kanji

☐ **漢字で 書かれた ことばは、ひらがなで どう書くか**

Find the hiragana that correspond to a given word in kanji.
Từ được viết bằng kanji sẽ được viết sang hiragana như thế nào?

☐ **ひらがなで 書かれた ことばは、漢字で どう書くか**

Find the kanji that correspond to a given word in hiragana.
Từ được viết bằng hiragana sẽ được viết sang kanji như thế nào?

※ 問題は、16日目からの「かくにんテスト」を 見てください。

You can practice your skills in the Review Test section from Day 16.
Về câu hỏi, các em hãy xem phần bài tập kiểm tra từ ngày thứ 16 trở đi nhé!

Specific focus
Cần lưu ý những điểm sau:

＿＿＿＿の ひらがなを 読みまちがえないように！

Make sure you identify the correct reading in hiragana!
Cố gắng không đọc nhầm hiragana của＿＿＿＿

かたちが にている 漢字に 注意！

And beware of kanji that look similar!
Lưu ý những kanji có hình dạng giống nhau

漢字 1日目

家族(かぞく) Family GIA ĐÌNH

家族に ついて 言えるかな？

もんだい1 ＿＿＿＿の ことばは ひらがなで どう かきますか。

① わたしには 姉が 二人(ふたり) います。

　　1 おに　　　2 あね　　　3 けい　　　4 あに

② あしたは 土よう日で 会社は 休みです。

　　1 あいしゃ　2 がいしゃ　3 ごうしゃ　4 かいしゃ

③ 田中(たなか)さん兄弟は とても なかが いいです。

　　1 きょうだい　2 きょうたい　3 きょだい　4 きょたい

④ 5さい下の 弟は とても かわいいです。

　　1 おとと　　2 おっとうと　3 おととう　4 おとうと

⑤ 父は 車の 工場で はたらいています。

　　1 こじょう　2 こうじょう　3 こうじょ　4 こじょ

⑥ 友だちの 家には トイレが 4つも あるそうです。

　　1 や　　　　2 け　　　　3 いえ　　　4 か

17ページで こたえを かくにん！

得点(とくてん) ／6

漢字 1日目

もんだい2 ＿＿＿の ことばは どう かきますか。

① わたしの へやに 小さな ソファが あります。

　1　平家　　　2　部家　　　3　平屋　　　4　部屋

② もう少し ひろい ところに すみたいです。

　1　放い　　　2　広い　　　3　大い　　　4　多い

③ うちの ちかくには みどりが 多いです。

　1　縁　　　　2　録　　　　3　緑　　　　4　禄

④ これは わたしが きのう わすれた かさです。

　1　妹　　　　2　私　　　　3　弟　　　　4　兄

⑤ なつ休みに かぞくで ほっかいどうへ 行きます。

　1　家波　　　2　家旅　　　3　家派　　　4　家族

⑥ えきから がっこうまで とおいですか。

　1　遠い　　　2　遅い　　　3　速い　　　4　近い

17ページで こたえを かくにん！

得点　　／6

漢字 2日目

生活（せいかつ）
Daily life / SINH HOẠT

仕事の ことも、しゅみの ことも！　N4

もんだい1 ＿＿＿＿の ことばは ひらがなで どう かきますか。

① にわで いろいろな 花を <u>育てて</u> います。

　　1　たて　　　2　そだて　　　3　かて　　　4　まいて

② <u>近所</u>に ゆうめいな かしゅが すんでいます。

　　1　きんじょ　2　きんしょ　　3　きんじょう　4　きんしょう

③ あの しろい セーターの <u>方</u>は どなたですか。

　　1　かた　　　2　ほう　　　　3　ぼう　　　4　がた

④ ひっこすなら <u>静かな</u> ところが いいです。

　　1　にぎやか　2　おだやか　　3　しずか　　4　あたたか

⑤ きょうかしょの この <u>部分</u>を コピーして ください。

　　1　べぶん　　2　ぶぶん　　　3　ぶへん　　4　べべん

⑥ しょうらい テレビきょくで <u>働きたい</u>と おもいます。

　　1　うごき　　2　おもむき　　3　かせき　　4　はたらき

19ページで こたえを かくにん！

得点（とくてん）　／6

漢字　2日目

もんだい2　＿＿＿＿の　ことばは　どう　かきますか。

①じぶんで　ようふくを　つくることが　できます。

1　使る　　　　2　用る　　　　3　制る　　　　4　作る

②もうすぐ　コンサートが　はじまります。

1　発まり　　　2　始まり　　　3　初まり　　　4　開まり

③きょう　しごとは　何時に　おわりますか。

1　完わり　　　2　止わり　　　3　了わり　　　4　終わり

④あしたは　きょうより　10℃も　きおんが　ひくく　なります。

1　抵く　　　　2　低く　　　　3　底く　　　　4　邸く

⑤子どもの　とき　花やに　なりたかったです。

1　屋　　　　　2　店　　　　　3　家　　　　　4　舗

⑥中国に　いる　あねに　あいに　いきます。

1　合い　　　　2　相い　　　　3　会い　　　　4　見い

19ページで　こたえを　かくにん！

得点　　／6

◆1日目のこたえ　　もんだい1　①2　②4　③1　④4　⑤2　⑥3
　　　　　　　　　もんだい2　①4　②2　③3　④2　⑤4　⑥1

漢字 3日目

店 (みせ) — Stores / TIỆM / CỬA HÀNG

デパート、レストランなど いろいろ！

もんだい1 ＿＿＿＿の ことばは ひらがなで どう かきますか。

① えきまえの 店で よく かいものします。

1 てん　　2 みせ　　3 や　　4 たな

② ハガキは どこで 売って いますか。

1 はって　　2 かって　　3 つくって　　4 うって

③ あの レストランは 本当に おいしいです。

1 ほんど　　2 ほんとう　　3 ほんどう　　4 ほんと

④ 昼食は かいしゃの ちかくで かいます。

1 ちょうしょく　　2 しょうしょく　　3 ちゅうしょく　　4 かんしょく

⑤ 黒い ブーツが ほしいです。

1 あおい　　2 あかい　　3 しろい　　4 くろい

⑥ あさから たくさんの 客が ならんで います。

1 きょく　　2 きゃく　　3 きょくう　　4 かく

漢字　3日目

もんだい2　＿＿＿の　ことばは　どう　かきますか。

①コンビニは　とても　べんりです。

1　便理　　　2　便利　　　3　弁利　　　4　弁理

②あの　スーパーは　ごご9時　までです。

1　後午　　　2　牛後　　　3　午後　　　4　後牛

③きょうの　ばんごはんは　おべんとうに　します。

1　晩　　　2　夜　　　3　朝　　　4　昼

④このまちは　しんせつな　みせが　多いです。

1　新切　　　2　親切　　　3　真切　　　4　心切

⑤ぎんこうの　ATMは　何時までですか。

1　金行　　　2　銅行　　　3　錦行　　　4　銀行

⑥ここは　カードが　つかえますか。

1　作え　　　2　使え　　　3　伝え　　　4　用え

21ページで　こたえを　かくにん！

得点　　／6

◆2日目のこたえ
もんだい1　①2　②1　③1　④3　⑤2　⑥4
もんだい2　①4　②2　③4　④2　⑤1　⑥3

漢字 4日目 買い物

Shopping
MUA SẮM

こんなものは、どこで 売ってる？

もんだい1 ＿＿＿の ことばは ひらがなで どう かきますか。

① この スーパーは 品物が しんせんです。

1　ひんもの　　2　しなぶつ　　3　しなもの　　4　ひんぶつ

② あの みせに かわいい 店員が います。

1　てにいん　　2　てんいん　　3　てんにん　　4　ていいん

③ 82円の 切手を 10まい ください。

1　きりて　　2　ぎって　　3　きいて　　4　きって

④ 今夜は 友だちと レストランに 行きます。

1　こんよ　　2　こんばん　　3　こんや　　4　こんよる

⑤ あしたの 昼間は 母と 出かけます。

1　ひるま　　2　ちゅうま　　3　ひるかん　　4　ちゅうかん

⑥ コンビニは 夜中でも あいて います。

1　やなか　　2　やちゅう　　3　よなか　　4　よじゅう

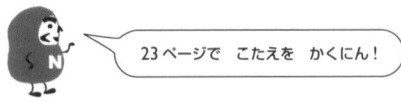

得点 ／6

漢字　4日目

もんだい2　＿＿＿＿の　ことばは　どう　かきますか。

①わたしは　しろい　ふくを　よく　かいます。

　1　白い　　　2　黒い　　　3　黄い　　　4　青い

②まだ　はやいので　みせが　あいて　いません。

　1　遅い　　　2　早い　　　3　速い　　　4　朝い

③わたしは　よく　きっさてんで　てがみを　書きます。

　1　出紙　　　2　手信　　　3　手紙　　　4　出信

④チーズの　うしろに　牛乳が　あります。

　1　逆ろ　　　2　背ろ　　　3　前ろ　　　4　後ろ

⑤人気の　みせも　ごぜんなら　すいて　います。

　1　午後　　　2　午前　　　3　午朝　　　4　午早

⑥ほしかった　おかしが　うりきれて　しまいました。

　1　買り切れ　　2　有り切れ　　3　売り切れ　　4　乗り切れ

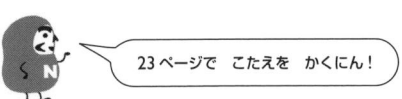

◆3日目のこたえ　　もんだい1　①2　②4　③2　④3　⑤4　⑥2
　　　　　　　　　もんだい2　①2　②3　③1　④2　⑤4　⑥2

漢字 5日目

手紙 (てがみ) — Writing a letter / THƯ TỪ

たまには、手紙を 書いてみよう！

もんだい1 ＿＿＿＿の ことばは ひらがなで どう かきますか。

① ここに <u>住所</u>を 書いて ください。

　1　じゅうしょう　2　じゅうしょ　3　じゅしょう　4　じゅしょ

② こうくうびんは とても <u>速い</u>です。

　1　あさい　　2　かたい　　3　おそい　　4　はやい

③ この ふうとうの <u>重さ</u>は 500グラムです。

　1　おもさ　　2　ふとさ　　3　あつさ　　4　ひくさ

④ かいしゃは おおさか<u>市内</u>に あります。

　1　いちうち　2　しいない　3　しない　　4　いちない

⑤ あいての 名まえの あとに「<u>様</u>」を 書きます。

　1　よう　　　2　かた　　　3　あて　　　4　さま

⑥ かれに てがみを 書きたいですが、どこに <u>住</u>んでいるか わかりません。

　1　すんで　　2　よんで　　3　とんで　　4　のんで

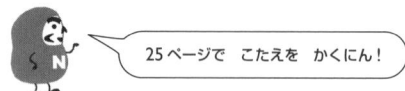

25ページで こたえを かくにん！

得点　／6

漢字　5日目

もんだい2　_____の　ことばは　どう　かきますか。

① きょうとの　友だちから　てがみが　来ました。

　1　東都　　　　2　東京　　　　3　京東　　　　4　京都

② かいしゃでは　なくて　じたくに　とどけて　ください。

　1　自家　　　　2　自庭　　　　3　自宅　　　　4　自室

③ ばんちを　まちがえて　しまいました。

　1　晩地　　　　2　番地　　　　3　号地　　　　4　棟地

④ 電話ばんごうも　わすれないで　ください。

　1　番号　　　　2　数号　　　　3　万号　　　　4　押号

⑤ ゆうびんで　おくる　ものは　かるく　したほうが　いいです。

　1　明るく　　　2　安く　　　　3　近く　　　　4　軽く

⑥ ゆうびんきょくへの　ちかみちを　しって　います。

　1　近道　　　　2　短道　　　　3　省道　　　　4　早道

25ページで　こたえを　かくにん！

得点　　／6

◆4日目のこたえ
　　もんだい1　①3　②2　③4　④3　⑤1　⑥3
　　もんだい2　①1　②2　③3　④4　⑤2　⑥3

23

漢字 6日目

住所（じゅうしょ） Address　ĐỊA CHỈ

数字まで、しっかり たしかめて！

もんだい1 ＿＿＿＿の ことばは ひらがなで どう かきますか。

① わたしの ふるさとは 小さな <u>村</u>です。

　　1 うら　　　2 まち　　　3 むら　　　4 そと

② ふねで おくると 安いですが、<u>遅い</u>です。

　　1 たかい　　2 おそい　　3 うまい　　4 にぶい

③ とうきょうには 23も <u>区</u>が あります。

　　1 まち　　　2 し　　　　3 くに　　　4 く

④ いまは とおい <u>所</u>に すんでいる 人とも メールが できて べんりですね。

　　1 ところ　　2 どころ　　3 じょ　　　4 しょ

⑤ 田中（たなか）さんの ご<u>主人</u>が 好きな ものを おくりましょう。

　　1 しゅにん　2 しゅじん　3 しゅひと　4 しゅうにん

⑥ コンビニからでも <u>荷物</u>が おくれます。

　　1 かもつ　　2 にぶつ　　3 にもの　　4 にもつ

27ページで こたえを かくにん！

得点（とくてん）　／6

漢字　6日目

もんだい2　＿＿＿＿の　ことばは　どう　かきますか。

①時間が　なくても、メールなら　すぐ　おくれます。

　　1　配れ　　　　2　送れ　　　　3　荷れ　　　　4　流れ

②とうきょうは「とうきょうと」ですが、おおさかは「おおさかふ」です。

　　1　附　　　　　2　付　　　　　3　符　　　　　4　府

③あさって　までに　いそいで　おくらないと　いけません。

　　1　急で　　　　2　忙で　　　　3　急いで　　　4　忙いで

④わたしの　いえは　大きい　みちの　すぐ　ちかくです。

　　1　道　　　　　2　速　　　　　3　通　　　　　4　走

⑤にもつが　よていより　1日　おくれて　とどきました。

　　1　延れて　　　2　遅くれて　　3　遅れて　　　4　延くれて

⑥ゆうびんきょくの　ばしょを　しっていますか。

　　1　場正　　　　2　場会　　　　3　場上　　　　4　場所

27ページで　こたえを　かくにん！

得点　　／6

◆5日目のこたえ　　もんだい1　①2　②4　③1　④3　⑤4　⑥1
　　　　　　　　　　もんだい2　①4　②3　③2　④1　⑤4　⑥1

| 漢字 7日目 | 外出(がいしゅつ) | Going out
VIỆC RA NGOÀI |

あしたは、どこへ 出かけようかな？

もんだい1 ＿＿＿＿の ことばは ひらがなで どう かきますか。

① かのじょと 図書館で まちあわせしました。

　1 とうしょかん　2 としょかん　3 としゅうかん　4 としゅかん

② 夫は 8時ごろ かえって きます。

　1 ふ　　　　2 おと　　　3 ぶ　　　4 おっと

③ 友だちと タイ料理の みせに 行きました。

　1 りょうり　　2 りょり　　3 りょうりい　　4 りょりい

④ 母が 毛糸で セーターを つくって くれました。

　1 けがわ　　2 けいもう　　3 けいと　　4 もうふ

⑤ あおい 水玉の かさを さして 出かけます。

　1 すいたま　　2 すいがら　　3 みずがら　　4 みずたま

⑥ この まちに 有名な おてらが あります。

　1 ようみょう　　2 ようめい　　3 ゆうめい　　4 ゆうみょう

29ページで こたえを かくにん！

得点(とくてん) ／6

漢字　7日目

もんだい2　＿＿＿＿の　ことばは　どう　かきますか。

①あしたの　デートの　ようふくを　えらびます。

　　1　衣装　　　　2　衣服　　　　3　洋服　　　　4　洋装

②きのう　見た　えいがは　とても　おもしろかったです。

　　1　英画　　　　2　営画　　　　3　絵画　　　　4　映画

③子どもを　つれて　よく　こうえんへ　行きます。

　　1　広園　　　　2　公園　　　　3　広場　　　　4　公場

④友だちと　おしゃべりしながら　こうちゃを　飲みました。

　　1　紅茶　　　　2　赤茶　　　　3　黒茶　　　　4　黄茶

⑤ここに　来ると　学生の　ときを　おもいだします。

　　1　思い出　　　2　思出し　　　3　思い出し　　4　思もい出し

⑥ときどき　ちかくの　みなとを　見に　行きます。

　　1　岸　　　　　2　港　　　　　3　湾　　　　　4　辺

29ページで　こたえを　かくにん！

得点　　／6

◆6日目のこたえ
　　もんだい1　①3　②2　③4　④1　⑤2　⑥4
　　もんだい2　①2　②4　③3　④1　⑤3　⑥4

漢字 8日目

散歩(さんぽ) Walking around / SỰ TẢN BỘ

N4

天気(てんき)の いい日、どこへ 行きたい?

もんだい1 ＿＿＿の ことばは ひらがなで どう かきますか。

① <u>毎週</u> 日よう日に サッカーを して います。

　1　まいにち　　2　まいかい　　3　まいつき　　4　まいしゅう

② オリンピックの 金メダルが <u>光って</u>います。

　1　ひかって　　2　こおって　　3　みがって　　4　かがやって

③ あしたは <u>妻</u>と かいものに 出かけます。

　1　おっと　　2　つま　　3　むすめ　　4　むすこ

④ この まちの <u>地理</u>が よく わかりません。

　1　じり　　2　しり　　3　ぢり　　4　ちり

⑤ この イベントは <u>有料</u>です。

　1　ゆりょう　　2　ゆうりょう　　3　ゆりょ　　4　ゆうり

⑥ テレビで 見た <u>水族館</u>に 行きたいです。

　1　すいぞきかん　　2　すいぞかん　　3　すいぞくかん　　4　すいぞうかん

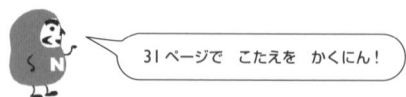
31ページで こたえを かくにん!

得点(とくてん) ／6

漢字　8日目

もんだい2　＿＿＿＿の　ことばは　どう　かきますか。

①たんじょう日は　とくべつな　きもちに　なります。

　1　侍別　　　2　持別　　　3　特別　　　4　待別

②あついので　かみを　みじかく　したいです。

　1　短　　　　2　短く　　　3　短かく　　4　短じかく

③あしたの　夜（よる）　花見に　行こうと　おもって　います。

　1　思って　　2　考って　　3　希って　　4　願って

④ゆうがた　すずしく　なったら　さんぽします。

　1　夜方　　　2　夕形　　　3　夜形　　　4　夕方

⑤ゆう子さんが　書いた　ちずは　とても　わかり　やすいです。

　1　池図　　　2　他図　　　3　地図　　　4　她図

⑥かみの　けを　少し　ちゃいろに　したいです。

　1　手　　　　2　毛　　　　3　髪　　　　4　糸

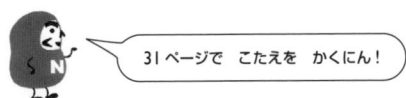　　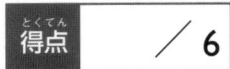

◆7日目のこたえ
もんだい1　①2　②4　③1　④3　⑤4　⑥3
もんだい2　①3　②4　③2　④1　⑤3　⑥2

漢字 9日目

町　Around town / THỊ TRẤN

町には こんな 便利が いっぱい！

もんだい1　＿＿＿の ことばは ひらがなで どう かきますか。

①大きい 病院で けんさを します。

　　1　びょういん　　2　びょいん　　3　びよういん　　4　びよいん

②この スーパーは 9時に 開店します。

　　1　あけてん　　2　かいてん　　3　へいてん　　4　あけみせ

③しんごうが 赤の ときは わたっては いけません。

　　1　しろ　　2　あお　　3　あか　　4　みどり

④きょうとで 古い 建物を たくさん 見ました。

　　1　たてもの　　2　けんぶつ　　3　けんもの　　4　たてぶつ

⑤にわに 黄色い 花が さきました。

　　1　きいろ　　2　こうしき　　3　きしょく　　4　こういろ

⑥くつと かばんで 合計 2万円 くらいでした。

　　1　がっけい　　2　かいけい　　3　あいけい　　4　ごうけい

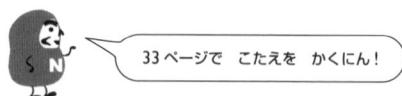
33ページで こたえを かくにん！

漢字　9日目

もんだい2　＿＿＿＿のことばはどうかきますか。

①びょういんで 長い 時間 また されました。

　　1　特た　　　2　待た　　　3　侍た　　　4　持た

②いがくぶに 入る ために べんきょうして います。

　　1　薬学　　　2　療学　　　3　医学　　　4　病学

③この くすりは とても 飲み やすいです。

　　1　薬　　　　2　楽　　　　3　草　　　　4　菊

④今日は そらが とても あおいです。
　　きょう

　　1　清い　　　2　青い　　　3　晴い　　　4　情い

⑤雨で やきゅうの ゲームが ちゅうしに なりました。

　　1　沖止　　　2　中止　　　3　仲止　　　4　冲止

⑥10年くらいの 間に こうつうが べんりに なりました。

　　1　公路　　　2　交通　　　3　工道　　　4　高速

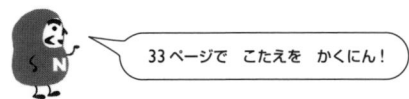　

◆8日目のこたえ　　もんだい1　①4　②1　③2　④4　⑤2　⑥3
　ようか　　　　　　もんだい2　①3　②2　③1　④4　⑤3　⑥2

漢字 10日目 — 交通（こうつう） Transportation / GIAO THÔNG

あなたは どんな のり物が 好き？

もんだい1 ＿＿＿の ことばは ひらがなで どう かきますか。

① バスに 乗って がっこうへ 行きます。

   1　おって　　　2　とって　　　3　たって　　　4　のって

② 電車の ドアが 閉まります。

   1　しまり　　　2　とまり　　　3　たまり　　　4　うまり

③ バスは 少し おくれて 12時半に 出発しました。

   1　しゅはつ　　2　しっぱつ　　3　しゅっぱつ　4　しゅうはつ

④ けんこうの ために じてん車で 学校に 通って います。

   1　とおって　　2　かよって　　3　たよって　　4　うつって

⑤ つぎの えきで 降りましょう。

   1　ふり　　　　2　あり　　　　3　かり　　　　4　おり

⑥ とても きれいな シャツを 着て いますね。

   1　して　　　　2　ついて　　　3　きて　　　　4　みて

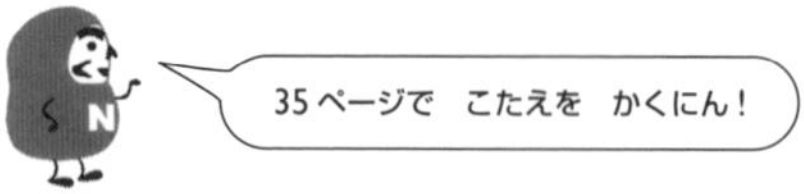

35ページで こたえを かくにん！

得点（とくてん） ／6

漢字　10日目

もんだい2　＿＿＿＿＿の　ことばは　どう　かきますか。

① ここに　車を　とめないで　ください。

　　1　泊め　　　2　留め　　　3　止め　　　4　定め

② しんかんせんを　使うと、3時間くらいで　おおさかに　つきます。

　　1　到き　　　2　届き　　　3　付き　　　4　着き

③ とうきょうの　ちかてつは　ふくざつです。

　　1　地下水　　2　地下鉄　　3　地下道　　4　地下街

④ としょかんは　何時から　あいて　いますか。

　　1　暗いて　　2　明いて　　3　閉いて　　4　開いて

⑤ この　町の　えき前は　とても　にぎやかです。

　　1　駅　　　　2　験　　　　3　停　　　　4　亭

⑥ しゃちょうは　車を　6だいも　もって　います。

　　1　体　　　　2　代　　　　3　台　　　　4　機

35ページで　こたえを　かくにん！

得点　　／6

◆9日目のこたえ　　もんだい1　①1　②2　③3　④1　⑤1　⑥4
　ここのか　　　　　もんだい2　①2　②3　③1　④2　⑤2　⑥2

漢字 11日目 学生生活 せいかつ

Student life
ĐỜI SỐNG HỌC SINH

勉強も あそびも いそがしい！

N4

もんだい1 ＿＿＿の ことばは ひらがなで どう かきますか。

①大学で くすりの 研究を して います。

　1 けんきゅ　　2 けんきょう　　3 けんきょ　　4 けんきゅう

②マリアさんは わたしより 3さい 若いです。

　1 わかい　　2 かたい　　3 あさい　　4 ひろい

③友だちと カラオケで 歌うのが すきです。

　1 もらう　　2 わらう　　3 うたう　　4 むかう

④ほかの くにの 文化を しりたいです。

　1 ぶんが　　2 ぶんか　　3 ふんか　　4 ふんが

⑤まだ 19さい ですから お酒が 飲めません。

　1 しゅ　　2 みず　　3 こめ　　4 さけ

⑥あした 化学の テストが あります。

　1 かがく　　2 がกく　　3 ががく　　4 かかく

37ページで こたえを かくにん！

得点 　／6

漢字　11日目

もんだい2　＿＿＿＿の　ことばは　どう　かきますか。

①もっと　えいごが　じょうずに　なりたいです。

1　英話　　　2　英語　　　3　映語　　　4　映話

②この　りょうりは　あじが　うすいです。

1　沫　　　2　昧　　　3　味　　　4　未

③ケーキを　食べすぎて　ふとって　しまいました。

1　太って　　2　大って　　3　重って　　4　多って

④ひるごはんは　いつも　大学の　カフェで　食べます。

1　ご飯　　　2　ご飲　　　3　ご餃　　　4　ご米

⑤りょうりに　あまり　あぶらを　つかいません。

1　汁　　　2　油　　　3　酒　　　4　湯

⑥体より　こころの　びょうき　かもしれません。

1　人　　　2　思　　　3　心　　　4　気

37ページで　こたえを　かくにん！

得点　　／6

◆ 10日目のこたえ
もんだい1　①4　②1　③3　④2　⑤4　⑥3
もんだい2　①3　②4　③2　④2　⑤1　⑥3

漢字 12日目 留学生

International students
DU HỌC SINH

たいへんだけど、楽しいことも！

N4

もんだい1 ＿＿＿＿の ことばは ひらがなで どう かきますか。

① まいにちの せいかつを 楽しんで います。

　1 たのしんで　　2 くるしんで　　3 うれしんで　　4 かなしんで

② がいこくの きってを 集めるのが しゅみです。

　1 ためる　　2 かためる　　3 あつめる　　4 よめる

③ となりの へやの 声が よく 聞こえます。

　1 おと　　2 こえ　　3 いき　　4 うた

④ まいにち べんきょうが 大変です。

　1 たいべん　　2 だいべん　　3 たいへん　　4 だいへん

⑤ せんもんは 日本の 文学です。

　1 もんがく　　2 ぶんがく　　3 ぶんじ　　4 もじ

⑥ やさいを 細かく きるのが じょうずです。

　1 ほそかく　　2 ふとかく　　3 ちいかく　　4 こまかく

39ページで こたえを かくにん！

得点　／6

漢字　12日目

もんだい2　＿＿＿の　ことばは　どう　かきますか。

① わたしは　すうがくが　きらいです。

　　1　教学　　　2　数学　　　3　科学　　　4　理学

② レストランで　さらを　あらって　います。

　　1　皿　　　　2　地　　　　3　四　　　　4　平

③ いつも　電車で　おんがくを　聞いて　います。

　　1　昔楽　　　2　音学　　　3　音楽　　　4　昔学

④ がんばって　べんきょうして、いい　いしゃに　なりたいです。

　　1　医家　　　2　医者　　　3　医人　　　4　医科

⑤ おもしろい　ニュースが　あったら　しらせて　ください。

　　1　言らせて　2　思らせて　3　通らせて　4　知らせて

⑥ まいにち　はしっていたら、あしが　ほそく　なりました。

　　1　長く　　　2　太く　　　3　細く　　　4　少く

39ページで　こたえを　かくにん！

得点　　／6

◆ 11日目のこたえ　　もんだい1　①4　②1　③3　④2　⑤4　⑥1
　　　　　　　　　　もんだい2　①2　②3　③1　④1　⑤2　⑥3

漢字 13日目 季節（きせつ） Seasons / THỜI TIẾT

日本の　はる・なつ・あき・ふゆ！　　N4

もんだい1　_____の　ことばは　ひらがなで　どう　かきますか。

①一年で　夏が　いちばん　すきです。

　1　ふゆ　　　2　なつ　　　3　あき　　　4　はる

②こんばんは　星が　きれいですね。

　1　つき　　　2　ゆき　　　3　くも　　　4　ほし

③南から　風が　ふいて　きました。

　1　ふう　　　2　かぜ　　　3　がせ　　　4　ふうう

④きょうは　空が　あおくて　きもちが　いいです。

　1　そら　　　2　から　　　3　くう　　　4　あけ

⑤おしょうがつは　タイへ　旅行に　行きたいです。

　1　りょうこう　2　りゅうこう　3　りょこう　4　りょうこ

⑥ことしの　冬は　いっしょに　スキーを　しませんか。

　1　ふゆ　　　2　あき　　　3　はる　　　4　なつ

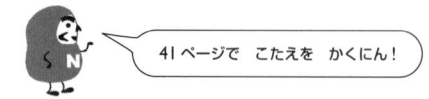

41ページで　こたえを　かくにん！

得点（とくてん）　／6

漢字　13日目

もんだい2　＿＿＿の　ことばは　どう　かきますか。

①　せかいの　いろいろな　国へ　行きたいです。

1　西海　　　　2　世界　　　　3　世海　　　　4　西界

②　とうきょうに　ゆきが　ふりました。

1　雲　　　　　2　雨　　　　　3　雪　　　　　4　雷

③　こんげつに　なってから　すずしく　なりました。

1　寒しく　　　2　温しく　　　3　冷しく　　　4　涼しく

④　日本の　あきは　こうようが　すばらしいです。

1　秋　　　　　2　春　　　　　3　冬　　　　　4　夏

⑤　あしたは　はれる　そうです。

1　青れる　　　2　天れる　　　3　晴れる　　　4　良れる

⑥　おべんとうを　もって　お花見に　いきましょう。

1　待って　　　2　持って　　　3　侍って　　　4　時って

41ページで　こたえを　かくにん！

得点　　／6

◆　12日目のこたえ　　もんだい1　①1　②3　③2　④3　⑤2　⑥4
　　　　　　　　　　　もんだい2　①2　②1　③3　④2　⑤4　⑥3

漢字 14日目

旅行（りょこう） Travel / DU LỊCH

たくさんの 思い出を 作りたいね！ N4

もんだい1 ＿＿＿の ことばは ひらがなで どう かきますか。

① この 写真は どこで とったんですか。

　　1　しょじん　　2　しゃしん　　3　しょしん　　4　しゃじん

② まいにち 天気よほうを 見て います。

　　1　てんち　　2　でんき　　3　てんき　　4　でんち

③ はじめて 船で りょこうしました。

　　1　ふな　　2　ぶね　　3　ふね　　4　ぶな

④ 日本では 春は スタートの きせつです。

　　1　なる　　2　はる　　3　よる　　4　ひる

⑤ ここは ２月が いちばん 寒いです。

　　1　さむい　　2　うすい　　3　かたい　　4　やすい

⑥ かぜが とても 強いので いえに 入りましょう。

　　1　よわい　　2　はやい　　3　ひどい　　4　つよい

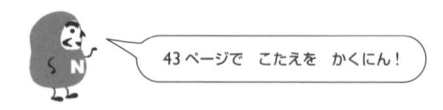

43ページで こたえを かくにん！

得点　／6

漢字 14日目

もんだい2　＿＿＿＿の　ことばは　どう　かきますか。

① また　たいふうが　来る　かもしれません。

1　台風　　　2　強風　　　3　大風　　　4　北風

② 森で　きれいな　とりを　見ました。

1　猫　　　2　鳥　　　3　島　　　4　虫

③ あの　くもは　どうぶつに　にています。

1　曇　　　2　星　　　3　雲　　　4　雪

④ さっきより　少し　かぜが　よわく　なって　きました。

1　遠く　　　2　近く　　　3　弱く　　　4　強く

⑤ きょうは　きのうより　ずっと　あついです。

1　炎い　　　2　暑い　　　3　熱い　　　4　温い

⑥ きょねん　友だちと　ふじ山に　のぼりました。

1　昨年　　　2　前年　　　3　元年　　　4　去年

43ページで　こたえを　かくにん！

得点　　／6

◆ 13日目のこたえ
もんだい1　①2　②4　③2　④1　⑤3　⑥1
もんだい2　①2　②3　③4　④1　⑤3　⑥2

漢字 15日目 日本語の勉強
にほんご べんきょう

Studying Japanese
VIỆC HỌC TIẾNG NHẬT

むずかしくても、がんばろう！

N4

もんだい1 _____の ことばは ひらがなで どう かきますか。

①この 漢字は なんと 読みますか。

　1　ようじ　　　2　かんじ　　　3　もじ　　　4　ぶんじ

②よく 考えてから 書いて ください。

　1　こたえて　　2　まちがえて　3　そろえて　4　かんがえて

③日本の 小説を 読んで みたいです。

　1　しょうせつ　2　しょぜつ　　3　しょうぜつ　4　しょせつ

④ことばが わからない とき、じしょが ないと 不便です。

　1　むびん　　　2　むべん　　　3　ふびん　　　4　ふべん

⑤きょうかしょを 教室に わすれて しまいました。

　1　きょしつ　　2　きゅしつ　　3　きょうしつ　4　きゅうしつ

⑥この 中で 正しい ものは どれですか。

　1　たのしい　　2　ただしい　　3　うれしい　　4　かなしい

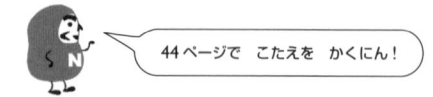

44ページで こたえを かくにん！

得点 　/6
とくてん

漢字 15日目

もんだい2　＿＿＿＿の　ことばは　どう　かきますか。

①わからない　ことは　先生に　しつもんしましょう。

1　失門　　　2　質問　　　3　質間　　　4　失聞

②テストの　こたえは　えんぴつで　書いて　ください。

1　答え　　　2　解え　　　3　応え　　　4　質え

③来月から　日本で　べんきょうします。

1　練習　　　2　研究　　　3　勉強　　　4　留学

④しゅくだいを　するのを　わすれました。

1　縮台　　　2　宿台　　　3　宿題　　　4　縮題

⑤いみが　おなじ　ものを　えらんで　ください。

1　伺じ　　　2　回じ　　　3　何じ　　　4　同じ

⑥きのうの　しけんは　とても　むずかしかったです。

1　試険　　　2　試験　　　3　試剣　　　4　試駅

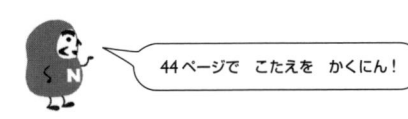

44ページで　こたえを　かくにん！

得点　　／6

◆ 14日目のこたえ　　もんだい1　①2　②3　③3　④2　⑤1　⑥4
　　　　　　　　　　もんだい2　①1　②2　③3　④3　⑤2　⑥4

にほんごコラム

ことばは 短いほうが いい？

「コンビニや ファミレスで バイトする」——「コンビニ」は「コンビニエンス・ストア」、「ファミレス」は「ファミリー・レストラン」、そして「バイト」は「アルバイト」を 短くしたことばだ というのは もちろん みなさん 知っていますよね。このように 日本語の ことばは 短くして 使われる ことばが たくさん あります。

でも、これは カタカナことば だけでは ありません。「あけおめ」と いう ことばを 聞いたことが ありますか。若い 人たちの 間で 流行した 言い方で、「あけまして おめでとうございます」を とても 短くした ものです。

もちろん、短く したほうが 便利な ことばも ありますが。「あけまして おめでとうございます」は やっぱり そのままが いいですよね。「あけおめ」では、「今年も よろしくおねがいします」という 気持ちも つたわりません。何でも 短くしてしまう、というのは やめたほうが いいと 思うのですが……。

みなさんは どう 思いますか。

＜ことば＞

＊ 流行する ＝ to be fashionable
　　りゅうこう
　　　　　Lưu hành, thịnh hành

◆ 15日目のこたえ　　もんだい1　①2　②4　③1　④4　⑤3　⑥2
　　　　　　　　　　もんだい2　①2　②1　③3　④3　⑤4　⑥2

語彙(ごい)

生活(せいかつ)に 必要(ひつよう)な いろいろな 場面(ばめん)の ことばを チェックしましょう。

Let's review words that are necessary in daily life and check them in different kinds of settings.
Hãy kiểm tra lại những từ cần thiết trong đời sống sinh hoạt ở các ngữ cảnh khác nhau nhé!

【語彙(ごい)は 3 タイプ】

There are three types of vocabulary exercises:
Có 3 dạng bài về từ vựng

☐ 文(ぶん)の (　　　) に どのことばが 入るか

Fill in the gap with the right word.
Điền từ nào vào câu?

☐ もんだいの ことばと 近(ちか)い 意味(いみ)の ことばは どれか

Identify the word whose meaning is close to the original sentence.
Từ nào gần nghĩa nhất với từ trong đề bài?

☐ その ことばが 正(ただ)しく 使(つか)われているのは どの文(ぶん)か

Find the sentence that uses the word correctly.
Từ này có thể được dùng đúng nhất trong câu nào?

※ 問題(もんだい)は、16 日目(にちめ)からの 「かくにんテスト」を 見てください。

You can practice your skills in the Review Test section from Day 16.
Về câu hỏi, hãy xem bài tập kiểm tra từ ngày thứ 16 trở đi.

これが ポイント N4

(　　　) の 前(まえ)の 助詞(じょし)にも 注意(ちゅうい)！

Pay attention to the particle before each word!
Lưu ý đối với trợ từ đứng trước (　　　)!

漢字(かんじ)も イメージしながら やってみましょう！

Try to remember the relevant kanji!
Các em vừa làm bài vừa nhớ lại kanji nhé!

Specific focus
Cần lưu ý những điểm sau:

語彙 1日目

食べる　動詞＆名詞
（どうし＆めいし）

Eating (verbs and nouns)
ĂN　Động từ & Danh từ

料理の　作り方を　説明しよう！
（りょうり）（つく）（せつめい）

N4

もんだい1　（　　　）に　なにを　いれますか。

① あさから　なにも　食べていないので　おなかが　（　　　　）います。

　　1　ないて　　　2　ゆれて　　　3　すいて　　　4　こんで

② この中から　すきな　ケーキを　（　　　　）ください。

　　1　よんで　　　2　えらんで　　　3　くらべて　　　4　ひろって

③ 山田さんとは　たまに　いっしょに　（　　　　）します。
　（やまだ）

　　1　しょくじ　　　2　にゅうがく　　　3　はんたい　　　4　せつめい

④ かぜを　ひきましたが　スープを　飲んだら　（　　　　）ました。

　　1　こわし　　　2　なおり　　　3　とまり　　　4　もどり

⑤ おゆが　（　　　　）ので　おちゃを　飲みましょう。

　　1　わいた　　　2　いれた　　　3　ぬれた　　　4　かわいた

⑥ この　くだものは　タイから　（　　　　）ました。

　　1　ゆしゅつし　　　2　ゆにゅうし　　　3　むかえ　　　4　とどけ

⑦ 母が おさらを あらうのを （　　　　）ます。

1　てつだい　　2　じゅんびし　　3　とまり　　4　ためし

⑧ テレビで （　　　　）されていた りょうりを つくってみました。

1　しょうたい　　2　しょうかい　　3　はんたい　　4　よしゅう

⑨ この国では おいしい コーヒーまめを （　　　　）て います。

1　うまれ　　2　せいさんし　　3　おとし　　4　うれて

⑩ まいにち ばんごはんを （　　　　）するのは たいへんです。

1　よしゅう　　2　けんきゅう　　3　したく　　4　しょくじ

⑪ たまには じぶんで パンを （　　　　）みましょう。

1　ぬって　　2　つつんで　　3　ほめて　　4　やいて

⑫ もう少し しおと こしょうを （　　　　）ください。

1　ひいて　　2　たして　　3　わって　　4　やって

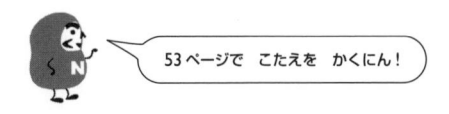

53ページで こたえを かくにん！

得点　　／12

もんだい2 (　　　　) に なにを いれますか。

① この ちかくに (　　　　) が 安い みせは ありますか。

　1　さくひん　　2　しょくりょうひん　　3　はなみ　　4　おみまい

② しおを 入れたら (　　　　) を よわくして、30分 そのままに してください。

　1　み　　　　2　き　　　　3　ひ　　　　4　もく

③ 子どもの たんじょうびに (　　　　) を つくりました。

　1　ごちそう　　2　ぜいたく　　3　おみやげ　　4　かたち

④ この スープは ちょっと (　　　　) が うすいです。

　1　おと　　2　こえ　　3　かべ　　4　あじ

⑤ かぞくの (　　　　) の ために やさいを 多くしています。

　1　こころ　　2　けんこう　　3　ようす　　4　ひかり

⑥ わたしは パンより (　　　　) の ほうが すきです。

　1　もの　　2　こと　　3　こめ　　4　たく

⑦ だいどころから いい (　　　) が します。

1　あじ　　　　2　もの　　　　3　におい　　　　4　こと

⑧ くだものでは (　　　) が いちばん すきです。

1　ぶどう　　　2　にく　　　　3　さかな　　　　4　にんじん

⑨ 友だちの (　　　) の おかしは とても おいしかったです。

1　るす　　　　2　おとしもの　3　りょこう　　　4　おみやげ

⑩ まだ 19さいなので (　　　) は 飲めません。

1　ジュース　　2　アルコール　3　コーヒー　　　4　ビル

⑪ 飲みおわったら、(　　　) を 洗って 捨てましょう。

1　カフェ　　　2　ベル　　　　3　ペットボトル　4　レシート

⑫ おひるは だいたい (　　　) を 食べています。

1　サンドイッチ　2　テキスト　3　バーゲン　　　4　ダイエット

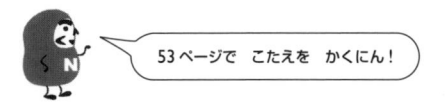

語彙 2日目	**家族　動詞＆名詞**（かぞく　どうし　めいし）

Family (verbs and nouns)
GIA ĐÌNH　Động từ & Danh từ

> あなたの　家族を、しょうかいしてね！

N4

もんだい１　（　　　）に　なにを　いれますか。

① 子どものとき　あねと　よく　（　　　）した。

　1　けんぶつ　　2　こしょう　　3　しっぱい　　4　けんか

② うちの　犬が　いなくなって　（　　　）している。

　1　あんしん　　2　しんぱい　　3　しつれい　　4　あんない

③ わたしは　母に　よく　（　　　）と　言われます。

　1　かえる　　2　にている　　3　よる　　4　つたえる

④ そぼが　びょうきで　（　　　）しました。

　1　そつぎょう　　2　にゅうがく　　3　たいいん　　4　にゅういん

⑤ さいきん　父が　たばこを　（　　　）ました。

　1　ため　　2　なめ　　3　やめ　　4　きめ

⑥ あさは　いつも　母に　（　　　）もらいます。

　1　あつめて　　2　おこして　　3　おいて　　4　あつまって

語彙 2日目

⑦ おとなに なっても、おやに (　　　　) ことが あります。

1　しかられる　　2　かざられる　　3　よまれる　　4　なおされる

⑧ あにが かのじょを いえに (　　　　) きました。

1　もって　　2　はこんで　　3　つれて　　4　つって

⑨ 父が (　　　　) きた ねこを、みんなで たいせつに しています。

1　そだって　　2　かんで　　3　ひろって　　4　ほめて

⑩ タイの かぞくに まいにち (　　　　) して います。

1　ほうそう　　2　れんらく　　3　ほんやく　　4　よやく

⑪ クリスマスには みんなが うちに (　　　　) ます。

1　しらせ　　2　かよい　　3　わかれ　　4　あつまり

⑫ 父も 母も わたしを たいせつに (　　　　) くれました。

1　そだてて　　2　たずねて　　3　みえて　　4　わらって

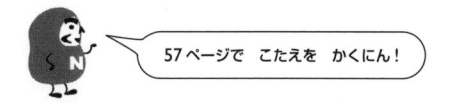

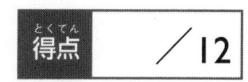

もんだい2 (　　　　) に なにを いれますか。

①おとうとは まだ (　　　　) です。

　　1　むすこ　　　2　むすめ　　　3　おこさん　　4　あかちゃん

②おおやさんには とても (　　　　) に なっています。

　　1　おやく　　　2　おしゅみ　　3　おせわ　　　4　おこと

③(　　　　) は りょうりが とても じょうずです。

　　1　かない　　　2　おたく　　　3　しゃない　　4　じたく

④あしたは あねの (　　　　) しきです。

　　1　けいたい　　2　けっこん　　3　こうつう　　4　きもの

⑤わたしは 3人きょうだいの (　　　　) です。

　　1　あいだ　　　2　まんなか　　3　まわり　　　4　いない

⑥せんしゅう かぞくりょこうで (　　　　) に 行きました。

　　1　おんせん　　2　こくさい　　3　けしき　　　4　しゃかい

⑦ ごうかくの（　　　　）に とけいを もらいました。

1　おかげ　　　2　おみまい　　　3　おいわい　　　4　おまつり

⑧ わたしの いえは（　　　　）で、山も 川も あります。

1　いなか　　　2　もり　　　3　はやし　　　4　しみん

⑨ いっしょに すんで いる（　　　　）は 母の おかあさんです。

1　そぼ　　　2　そふ　　　3　そば　　　4　そぶ

⑩ あにの かぞくが（　　　　）に いえを 買いました。

1　くうこう　　　2　こうない　　　3　かない　　　4　きんじょ

⑪ あねは 4さいから（　　　　）を ならって います。

1　コンサート　　　2　テキスト　　　3　ピアノ　　　4　ルール

⑫ いもうとは いま（　　　　）中で、あまいものを 食べません。

1　メニュー　　　2　スーパー　　　3　ダイエット　　　4　ケーキ

57ページで こたえを かくにん！

得点　　／12

◆ 1日目のこたえ

もんだい1　①3　②2　③1　④2　⑤1　⑥2　⑦1　⑧2　⑨2　⑩3　⑪4　⑫2
もんだい2　①2　②3　③1　④4　⑤2　⑥3　⑦3　⑧1　⑨4　⑩2　⑪3　⑫1

語彙 3日目	**仕事 動詞&名詞**

Work (verbs and nouns)
CÔNG VIỆC Động từ & Danh từ

仕事の ルールも、おぼえよう！ N4

もんだい1 （　）に なにを いれますか。

① あさは 元気に （　　　）しましょう。

　　1　そうだん　　2　あいさつ　　3　しょうかい　　4　けいかく

② えいごが （　　　）ので この かいしゃに 入れました。

　　1　うける　　2　やる　　3　できる　　4　きめる

③ かいしゃは 1分でも （　　　）は いけません。

　　1　じゅんびして　　2　おくって　　3　いそいで　　4　ちこくして

④ やっと しごとに （　　　）きました。

　　1　なれて　　2　とれて　　3　たって　　4　のって

⑤ どんなに たいへんでも （　　　）ないと…。

　　1　こわれ　　2　がんばら　　3　おくれ　　4　たおれ

⑥ やさしい せんぱいに いろいろ （　　　）て います。

　　1　チェックし　　2　べんきょうし　　3　そうだんし　　4　くらべ

語彙 3日目

⑦ コピーを 100まいも (　　　) して しまいました。

1　まちがえ　　2　しんぱい　　3　しっぱい　　4　ちょうし

⑧ もうすぐ 6時なので つくえの 上を (　　　) ます。

1　うつし　　2　かたづけ　　3　あつめ　　4　さげ

⑨ 電車で かいしゃに (　　　) います。

1　よって　　2　たって　　3　かわって　　4　かよって

⑩ 字が きれいだと (　　　) ました。
　じ

1　おしえられ　　2　しかられ　　3　ほめられ　　4　はなされ

⑪ くうこうへ おきゃくさまを (　　　) に 行く。

1　あい　　2　たすけ　　3　みに　　4　むかえ

⑫ この しごとが すきですから、ずっと (　　　) たいです。

1　つづけ　　2　つき　　3　つづき　　4　つけ

61ページで こたえを かくにん！

得点　　／12

もんだい2 (　　　) に　なにを　いれますか。

① あしたは　10時から　(　　　) が　あります。

　　1　じむしょ　　2　かいぎ　　3　かいだん　　4　せいじ

② かいしゃの　(　　　) 休みは　12時から　1時までです。

　　1　ばん　　2　ふゆ　　3　なつ　　4　ひる

③ わたしは　大学で　(　　　) の　べんきょうを　して　います。

　　1　せいせき　　2　こうつう　　3　ぼうえき　　4　けいたい

④ じぶんの　かいしゃを　つくって　(　　　) に　なりたいです。

　　1　しゃちょう　　2　せんぱい　　3　しゅしょう　　4　ぶちょう

⑤ 1かいの　(　　　) で　お名まえを　書いて　ください。

　　1　おくじょう　　2　うけつけ　　3　げんかん　　4　かいぎしつ

⑥ あねは　びょういんで　(　　　) を　して　います。

　　1　きょうし　　2　てんいん　　3　かんごし　　4　かしゅ

語彙 3日目

⑦ かいしゃの （　　　　　） は みんな いい 人です。

1　せんぱい　　　2　むすこ　　　3　もの　　　　4　うで

⑧ 今の しごとは 日本語を つかう （　　　　　） が ありません。

1　きかい　　　　2　きせつ　　　3　きみ　　　　4　よやく

⑨ 日本 だけではなく （　　　　　） でも はたらきたいです。

1　こくさい　　　2　こうがい　　3　こうりゅう　4　かいがい

⑩ かいしゃは （　　　　　） が つよくて さむいです。

1　だんぼう　　　2　すいどう　　3　れいぼう　　4　うんどう

⑪ わたしは じぶんの （　　　　　） を はっきり 言います。

1　こころ　　　　2　いけん　　　3　きぶん　　　4　いみ

⑫ これを 書いたら かちょうに （　　　　　） を もらって ください。

1　タイプ　　　　2　ルール　　　3　マナー　　　4　サイン

61ページで こたえを かくにん！

得点　/12

◆2日目のこたえ
　もんだい1　①4　②2　③2　④4　⑤3　⑥2　⑦1　⑧3　⑨3　⑩2　⑪4　⑫1
　もんだい2　①4　②3　③1　④2　⑤2　⑥1　⑦3　⑧1　⑨1　⑩4　⑪3　⑫3

57

語彙 4日目	勉強する　動詞＆名詞

Studying (verbs and nouns)
HỌC TẬP　Động từ & Danh từ

これを 勉強すれば、大丈夫だよ！

N4

もんだい１　（　　　）に　なにを　いれますか。

① １日も　休まないで　じゅぎょうに　（　　　　）して　います。

　　１　しゅっせき　　２　しょうたい　　３　けっせき　　４　しゅっぱつ

② 日本語は　とても　やくに　（　　　　）ます。

　　１　たち　　２　かけ　　３　なり　　４　なれ

③ テストでは　こたえを　なんかいも　（　　　　）ください。

　　１　えらんで　　２　きめて　　３　チェックして　　４　かいて

④ きのう　ねるのが　おそくて、今日は　（　　　　）しまいました。

　　１　ねぼうして　　２　とめて　　３　よしゅうして　　４　よわって

⑤ きのう　べんきょうした　ことばを　（　　　　）しましょう。

　　１　したく　　２　ひらき　　３　ふくしゅう　　４　じゅんび

⑥ むずかしい　しけんだったのに、いちばんに　なって　（　　　　）しました。

　　１　けいけん　　２　きょうそう　　３　しつれい　　４　びっくり

⑦ N4の しけんを (　　　) みます。

　1　うかって　　2　うけて　　3　とんで　　4　よんで

⑧ びょうきの 人たちの ために くすりを (　　　) したいです。

　1　けんきゅう　　2　ほうそう　　3　せつめい　　4　けんしゅう

⑨ しゅくだいが (　　　) ので あそびに 行きます。

　1　とんだ　　2　こんだ　　3　すんだ　　4　しめた

⑩ がっこうまで バスを (　　　) います。

　1　のって　　2　おりて　　3　はこんで　　4　りようして

⑪ 7月と 12月に 日本語の しけんが (　　　) ます。

　1　しめられ　　2　もたれ　　3　おこなわれ　　4　あられ

⑫ らいねんの 3月に 大学を (　　　) します。

　1　にゅうがく　　2　そつぎょう　　3　かいぎょう　　4　けっせき

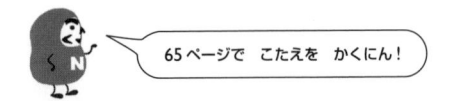

もんだい2　（　　　　）に　なにを　いれますか。

① いつも　いちばん　前の　（　　　　）に　すわって　います。

　　1　かべ　　　　2　せき　　　　3　かど　　　　4　さか

② 大学で　（　　　　）を　べんきょう　したいです。

　　1　ほうりつ　　2　じゆう　　　3　けいたい　　4　せいせき

③ 子どもの　ときから　日本の　まんがに　（　　　　）が　ありました。

　　1　かんけい　　2　しゅみ　　　3　きょうみ　　4　きもち

④ こうこうを　そつぎょうして　（　　　　）生に　なります。

　　1　ちゅうがく　2　しょうがく　3　だいがく　　4　ようち

⑤ 日本語の　（　　　　）は　とても　むずかしいです。

　　1　てん　　　　2　ぶんぽう　　3　ぶんか　　　4　ようす

⑥ わたしの　（　　　　）は　けいざい　です。

　　1　せんもん　　2　かいしゃ　　3　べんきょう　4　すうがく

⑦わたしの がっこうは 100年の (　　　) が あります。

1　じかん　　　2　あいだ　　　3　れきし　　　4　けいけん

⑧この テストは (　　　) だけではなくて うらも ありますよ。

1　おもて　　　2　うしろ　　　3　まえ　　　4　うえ

⑨先生に なりたいので、きょういく (　　　) に 入ります。

1　ぶんか　　　2　がくぶ　　　3　がくもん　　　4　ぶんがく

⑩大学で (　　　) の クラブに 入りました。

1　サッカー　　　2　ガス　　　3　サイン　　　4　ページ

⑪いい りょこうの (　　　) が なかなか 出て きません。

1　レシート　　　2　タイプ　　　3　アイディア　　　4　パーティー

⑫じゅぎょうの ために 新(あたら)しい (　　　) を 買いました。

1　ニュース　　　2　テキスト　　　3　テスト　　　4　クラス

◆3日目のこたえ
もんだい1　①2　②3　③4　④1　⑤2　⑥3　⑦3　⑧2　⑨4　⑩3　⑪4　⑫1
もんだい2　①2　②4　③3　④1　⑤2　⑥3　⑦1　⑧1　⑨4　⑩3　⑪2　⑫4

語彙 5日目

プレゼント　動詞&名詞
Presents (verbs and nouns)
QUÀ TẶNG　Động từ & Danh từ

もらうのも　あげるのも　うれしいね！

N4

もんだい1　（　　　）に　なにを　いれますか。

① 友だちが　けっこんするので、何を　あげるか　（　　　　）います。

　1　くらして　　　2　かんがえて　　　3　くらべて　　　4　せつめいして

② 母に　（　　　　）みどりの　ふくを　買いました。

　1　とおる　　　　2　おちる　　　　　3　いく　　　　　4　あう

③ くにの　かぞくに　おかしを　（　　　　）ました。

　1　おくり　　　　2　うち　　　　　　3　うつし　　　　4　かえし

④ きれいな　えを　へやに　（　　　　）います。

　1　みて　　　　　2　あけて　　　　　3　ひらいて　　　4　かけて

⑤ この　プレゼントを　ピンクの　かみで　（　　　　）ください。

　1　もって　　　　2　つつんで　　　　3　かいて　　　　4　しめて

⑥ ゆびわを　もらって　うれしくて　（　　　　）しまった。

　1　ないて　　　　2　おこって　　　　3　たって　　　　4　ふんで

62

語彙 5日目

⑦ 父が （　　　　　） ものを あげたいです。

1　たのしむ　　2　かなしむ　　3　よろこぶ　　4　さわぐ

⑧ きょねん もらった とけいが もう （　　　　　） ました。

1　なおり　　2　こわれ　　3　たおれ　　4　かえ

⑨ いつも きれいな 花を テーブルに （　　　　　） います。

1　かざって　　2　かわって　　3　とめて　　4　いれて

⑩ あねに あげる バッグを デパートへ （　　　　　） に 行きます。

1　うつし　　2　あつめ　　3　さがし　　4　うえ

⑪ ペアの カップの 1つが （　　　　　） しまいました。

1　われて　　2　たてて　　3　ゆれて　　4　つつんで

⑫ 母の日の プレゼントは この さいふに （　　　　　） ました。

1　やめ　　2　しめ　　3　きめ　　4　とめ

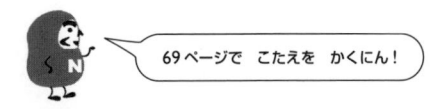

もんだい2　（　　　　）に　なにを　いれますか。

①クリスマスは　いつも　かぞくに　（　　　　　）を　します。

　　1　おみやげ　　　2　きもち　　　3　おくりもの　　4　きもの

②おせわに　なったので　（　　　　　）が　したいです。

　　1　こころ　　　　2　おれい　　　3　ぐあい　　　　4　こたえ

③パーティーで、ケーキ（　　　　　）にも　ごちそうを　たくさん　つくります。

　　1　いがい　　　　2　いじょう　　3　いか　　　　　4　いない

④プレゼントは　（　　　　　）ではなく、きもちが　たいせつです。

　　1　くうき　　　　2　きかい　　　3　きそく　　　　4　しなもの

⑤むすこに　車の　（　　　　　）を　買いました。

　　1　たのしみ　　　2　にんぎょう　3　おもちゃ　　　4　のりもの

⑥あねに　あげるものは　けしょうひん（　　　　　）で　買おう。

　　1　うら　　　　　2　かど　　　　3　うりば　　　　4　うち

⑦ もらった シャツを きて （　　　　）で 見て みました。

1　かがみ　　　2　そと　　　　3　かべ　　　　4　かど

⑧ 友だちに ゆうめいな さっかの （　　　　）を あげました。

1　しょうひん　2　しょうかい　3　しょうせつ　4　しょうたい

⑨ いもうとは わたしからの プレゼントを （　　　　）にして います。

1　いわい　　　2　たのしみ　　3　じゅんび　　4　はなみ

⑩ だいすきな スターの （　　　　）を もらいました。

1　レシート　　2　タクシー　　3　タイプ　　　4　ポスター

⑪ ことしの たんじょう日は 新しい （　　　　）が ほしいです。

1　デパート　　2　パソコン　　3　コンサート　4　スポーツ

⑫ （　　　　）を した お金で プレゼントを 買いました。

1　アルバイト　2　サイン　　　3　セーター　　4　ジョギング

69ページで こたえを かくにん！

得点　／12

◆4日目のこたえ
　　もんだい1　①1　②1　③3　④1　⑤3　⑥4　⑦2　⑧1　⑨3　⑩4　⑪3　⑫2
　　もんだい2　①2　②1　③3　④3　⑤2　⑥1　⑦3　⑧1　⑨2　⑩1　⑪3　⑫2

語彙 6日目

遊ぶ　動詞＆名詞
(あそ)　(どうし)　(めいし)

Playing (verbs and nouns)
VUI CHƠI　Động từ & Danh từ

週末の プランを きめなくちゃ！
(しゅうまつ)

もんだい1 （　　　）に なにを いれますか。

① 友だちと クリスマスの パーティーを （　　　）して います。

　1　けんがく　　2　けんきゅう　　3　けいかく　　4　しょうたい

② わたしが （　　　） ドライブに 行きました。

　1　うごいて　　2　しゅっぱつして　　3　すすんで　　4　うんてんして

③ フランスに すむ あねを （　　　）たいです。

　1　つたえ　　2　たずね　　3　すぎ　　4　きき

④ みんなで しょくじして いるとき、たのしくて ずっと （　　　）いました。

　1　わらって　　2　おこって　　3　ないて　　4　われて

⑤ サッカーが したいので 人を （　　　）ましょう。

　1　よやくし　　2　かえし　　3　ため　　4　あつめ

⑥ 日本に 来て 友だちが （　　　） うれしいです。

　1　のこって　　2　ふえて　　3　とめて　　4　ひらいて

⑦あしたの ピクニックは 6時に （　　　　）ましょう。

　　1　いそぎ　　　2　あつめ　　　3　しゅっぱつし　　4　さがり

⑧今なら 3時の えいがに （　　　　）でしょう。

　　1　まにあう　　2　出られる　　3　もどる　　　　4　見る

⑨天気が いいので、うみへ 行く 電車が （　　　　）います。

　　1　いきて　　　2　すいて　　　3　こんで　　　　4　さわいで

⑩しゅうまつは かぞくで スポーツを （　　　　）ます。

　　1　かけ　　　　2　たのしみ　　3　まけ　　　　　4　うち

⑪父は うみで たくさん さかなを （　　　　）きました。

　　1　なげて　　　2　うって　　　3　つって　　　　4　のこって

⑫一日中 あるいたので、今日は よく （　　　　）でしょう。

　　1　おきられる　2　とまれる　　3　よれる　　　　4　ねむれる

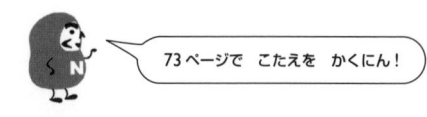

もんだい2　（　　　　　）に　なにを　いれますか。

①友だちと　えいがを　見に　行く　（　　　　　）を　しました。

　　1　せわ　　　　2　じゅんび　　　3　ようじ　　　4　やくそく

②なつは　いろいろな　ところで　（　　　　　）が　あります。

　　1　おみやげ　　2　おんせん　　　3　おまつり　　4　おみまい

③学生の　とき　よく　クラブへ　（　　　　　）に　行きました。

　　1　おんがく　　2　おどり　　　　3　しゅみ　　　4　かいわ

④車で　あそびに　行く　ときは　いつも　かれが　（　　　　　）です。

　　1　かちょう　　2　せんしゅ　　　3　うんてんしゅ　4　こうむいん

⑤あきは　山へ　きれいな　（　　　　　）を　見に　行きたいです。

　　1　けいたい　　2　くも　　　　　3　みなと　　　4　こうよう

⑥あそびの　（　　　　　）を　かんがえるのは　とても　たのしいです。

　　1　よてい　　　2　ようい　　　　3　ようじ　　　4　ようす

語彙 6日目

⑦ 子どもは （　　　　）の 下で げんきに あそびましょう。

1　くうき　　　2　おと　　　3　たいよう　　4　じゆう

⑧ 母の （　　　　）は りょこうと どくしょ です。

1　しゅみ　　　2　きょうみ　　3　せかい　　　4　すき

⑨ （　　　　）の 中で バスが いちばん すきです。

1　しなもの　　2　しょうひん　3　のりもの　　4　すいどう

⑩ （　　　　）で はしると、かぜが とても きもちいいです。

1　スーパー　　2　エレベーター　3　サンダル　　4　オートバイ

⑪ クラシック（　　　　）の きっぷを 買いました。

1　コンサート　2　イベント　　3　マンガ　　　4　セール

⑫ くにで ちいさい ときから 日本の （　　　　）を 見て いました。

1　ラジオ　　　2　アニメ　　　3　タイトル　　4　サイン

73ページで こたえを かくにん！

得点　　／12

◆ 5日目のこたえ
もんだい1　①2　②4　③1　④4　⑤2　⑥1　⑦3　⑧2　⑨1　⑩3　⑪1　⑫3
もんだい2　①3　②2　③1　④4　⑤3　⑥3　⑦1　⑧3　⑨2　⑩4　⑪2　⑫1

語彙 7日目 ニュース 動詞&名詞

News (verbs and nouns)
TIN TỨC Động từ & Danh từ

テレビや 新聞を チェックしてね！

N4

もんだい1 （　　　）に なにを いれますか。

① ニュースでは ほんとうの ことを （　　　）なければ なりません。

1　むかえ　　　2　とおら　　　3　つたえ　　　4　わたら

② おおあめで いまは 電車が （　　　）います。

1　おくって　　2　とまって　　3　すぎて　　　4　のって

③ ゆうめいな はいゆうが びょうきで （　　　）ました。

1　なくなり　　2　いなくなり　3　おち　　　　4　ちゅうしし

④ 山から 下りてきた くまを （　　　）ください。

1　もどって　　2　にげて　　　3　つかまえて　4　とって

⑤ つよい かぜで こうえんの 木が （　　　）ました。

1　われ　　　　2　やぶれ　　　3　かえ　　　　4　おれ

⑥ きのうの よる そらに 何か （　　　）いるのを 見ました。

1　ひかって　　2　ひえて　　　3　ついて　　　4　いって

語彙　7日目

⑦ その　男は　お金を　とって　えきの　ほうへ　（　　　）ました。

1　つき　　　2　のこり　　　3　はこび　　　4　にげ

⑧ 日本で　いちばん　高い　ビルが　（　　　）ましたね。

1　なり　　　2　でき　　　3　たて　　　4　よび

⑨ せかいの　どこかで　（　　　）して　いるのは　とても　かなしい　ことです。

1　けんぶつ　　　2　けいけん　　　3　せつめい　　　4　せんそう

⑩ テレビで　一日に　なんかいも　じしんの　ニュースを　（　　　）して　います。

1　ちゅうい　　　2　きょうそう　　　3　ほうそう　　　4　こしょう

⑪ だいすきな　サッカーの　チームが　（　　　）しまいました。

1　かって　　　2　とって　　　3　おって　　　4　まけて

⑫ みせから　一おく円の　ダイヤモンドが　（　　　）そうです。

1　はらわれた　　　2　ねられた　　　3　ぬすまれた　　　4　ひらかれた

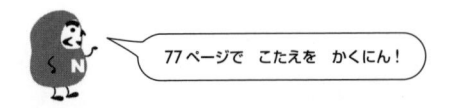

77ページで　こたえを　かくにん！

得点　／12

もんだい2 (　　　) に なにを いれますか。

① いえの ちかくで 車と バイクの (　　　) が ありました。

　1 ちから　　　2 じこ　　　3 こと　　　4 ようじ

② 日本の サービス (　　　) が がいこくで しょうかい されて います。

　1 さんぎょう　2 せいせき　3 きゅうこう　4 じんこう

③ アジアで いちばんの チームを きめる (　　　) は あしたです。

　1 つごう　　　2 れきし　　　3 かいぎ　　　4 しあい

④ たくさんの 人が さくらの 木の 下で (　　　) を しています。

　1 はなみ　　　2 ゆめ　　　3 こうよう　　　4 しぜん

⑤ きのうの じしんで (　　　) を した 人が いました。

　1 るす　　　2 うそ　　　3 けが　　　4 たいいん

⑥ てんき (　　　) を 見て、かさを もって 出かけました。

　1 はなし　　　2 にっき　　　3 ばんぐみ　　　4 よほう

語彙 7日目

⑦とても 大きい (　　　) が ちかくまで 来ています。

1　たいふう　　2　ゆき　　3　かぜ　　4　あめ

⑧かぞくが だれも いない ときに (　　　) に 入られました。

1　てぶくろ　　2　すり　　3　るす　　4　どろぼう

⑨この かじが おきた (　　　) は まだ わかって いません。

1　しゅみ　　2　げんいん　　3　ため　　4　いけん

⑩いえの 前に しらない 人が いるので、(　　　) を よびました。

1　けいさつ　　2　こうつう　　3　こうばん　　4　きゅうきゅうしゃ

⑪ベトナムから ニュースを (　　　) します。

1　ノート　　2　レポート　　3　ダブル　　4　サイン

⑫じしんで マンションの (　　　) が とまって います。

1　コース　　2　ベランダ　　3　スイッチ　　4　エレベーター

77ページで こたえを かくにん！

得点　　／12

◆6日目のこたえ
もんだい1　①3　②4　③2　④1　⑤4　⑥2　⑦3　⑧1　⑨3　⑩2　⑪3　⑫4
もんだい2　①4　②3　③2　④3　⑤4　⑥1　⑦3　⑧1　⑨3　⑩4　⑪1　⑫2

73

語彙 8日目

ファッション　動詞＆名詞
Fashion (verbs and nouns)
THỜI TRANG　Động từ & Danh từ

みんな おしゃれが 大好き！　N4

もんだい1　（　　　）に なにを いれますか。

① あねが かみを 30センチも きって、みんな（　　　）ました。

　1　とまり　　2　おどろき　　3　ふとり　　4　かえ

② インターネットで 買った ふくを 日よう日に（　　　）もらいます。

　1　つつんで　　2　ついて　　3　しめて　　4　とどけて

③ ずっと ほしかった くつを デパートで（　　　）ました。

　1　うり　　2　みつけ　　3　もらい　　4　たり

④ 3キロ（　　　）たら ほそい パンツが はけました。

　1　やけ　　2　つめ　　3　やせ　　4　われ

⑤ とても 高い バッグ なので カードで（　　　）ました。

　1　とおし　　2　すみ　　3　たて　　4　はらい

⑥ さっき こちらで かった シャツを（　　　）もらえませんか。

　1　かえして　　2　うつして　　3　とりかえて　　4　かわいて

語彙 8日目

⑦ スカートが とても 長くて かいだんで (　　　) しまいます。

1　ふんで　　　2　とれて　　　3　きれて　　　4　のって

⑧ もう きない ふくが たくさん ありますが、なかなか (　　　) ません。

1　なげられ　　2　さげられ　　3　すてられ　　4　ひろわれ

⑨ だいすきな イヤリングが (　　　) ので かなしいです。

1　なくなった　2　わすれた　　3　まわった　　4　ぬった

⑩ その ふくを きると 5さい くらい わかく (　　　) ますよ。

1　見　　　　　2　見つけ　　　3　見え　　　　4　見つかり

⑪ かいしゃからの 帰り、よく デパートに (　　　) います。

1　たって　　　2　のって　　　3　たずねて　　4　よって

⑫ イメージを (　　　) たい ですから、今までと ちがう いろを きます。

1　なおし　　　2　かち　　　　3　かえ　　　　4　たし

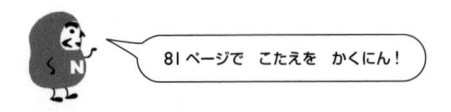

81ページで こたえを かくにん！

得点　　／12

もんだい2 （　　　）に なにを いれますか。

①この Tシャツは むねではなくて、（　　　）に えが かいて あ
ります。

　　1　ひざ　　　　2　せなか　　　3　あし　　　　4　あたま

②この くつは とても デザインが いいので、あかと あおを
　（　　　）買います。

　　1　みんな　　　2　にばい　　　3　りょうほう　4　なにも

③かみは いつも おなじ（　　　）で きって います。

　　1　びじゅつかん　2　としょかん　3　かみや　　　4　びよういん

④さむい 日は（　　　）の おしゃれも たのしみます。

　　1　てぶくろ　　2　どうぐ　　　3　かさ　　　　4　こおり

⑤この ピンクの コートは（　　　）も かわいい いろです。

　　1　うえ　　　　2　うら　　　　3　おく　　　　4　そと

⑥あの バッグを 買うか どうかは（　　　）を 見て きめます。

　　1　たな　　　　2　ぶんか　　　3　ねだん　　　4　ちから

⑦ これは 母が こうこうせいだった （　　　）の ファッションです。

1　ぐあい　　　2　きせつ　　　3　ようす　　　4　じだい

⑧ かのじょは なにを きても かわいくて （　　　）の ようです。

1　むすこ　　　2　にんぎょう　3　ひかり　　　4　ほし

⑨ くちべにの いろが ちがうと、（　　　）も かわります。

1　きそく　　　2　きかい　　　3　きぶん　　　4　しかた

⑩ （　　　）の 中では ゆびわが いちばん すきです。

1　インテリア　2　アクセサリー　3　グローブ　　4　ソフト

⑪ 母と いっしょに （　　　）に 行って、いろいろ 買って もらいます。

1　マラソン　　2　タイプ　　　3　ホーム　　　4　ショッピング

⑫ ことしの なつに うみで はく （　　　）が ほしいです。

1　サンダル　　2　スーツ　　　3　セーター　　4　ボタン

◆ 7日目のこたえ

もんだい1　①3　②2　③1　④3　⑤4　⑥1　⑦4　⑧2　⑨4　⑩3　⑪4　⑫3

もんだい2　①2　②1　③4　④1　⑤3　⑥4　⑦1　⑧4　⑨2　⑩1　⑪2　⑫4

| 語彙 9日目 | 健康 動詞＆名詞
けんこう どうし めいし
Health (verbs and nouns)
SỨC KHOẺ Động từ & Danh từ |

けんこうの ために、何してる？

もんだい1 （　　）に なにを いれますか。

①一年に いちど びょういんで 体を （　　　　）もらいます。

　1　なおして　　2　こわして　　3　しらべて　　4　おしえて

②かぜで 学校を 休んで、みんなに しんぱいを （　　　　）ました。

　1　うち　　　2　くれ　　　　3　ひき　　　　4　かけ

③けんこうの ために 毎日（　　　　）ほうが いいです。
　　　　　　　　　　まいにち

　1　うんどうした　2　まわった　　3　わたった　　4　せいかつした

④さむい日に ずっと 外に いて、体が （　　　　）しまいました。

　1　ふとって　　2　ひえて　　　3　こわれて　　4　やけて

⑤あるけるように なったので、あした（　　　　）します。

　1　にゅうがく　2　にゅういん　3　たいいん　　4　そつぎょう

⑥さいきん ちょっと （　　　　）きたので、ケーキを 食べません。

　1　ゆれて　　　2　もどって　　3　のこって　　4　ふとって

⑦ せんしゅうから テニスを (　　　　) ら、体の ちょうしが よくなりました。

1　はじめた　　2　はじまった　　3　うった　　4　むかった

⑧ ごはんは よく (　　　　) ゆっくり 食べましょう。

1　わって　　2　かって　　3　のんで　　4　かんで

⑨ 食べものの バランスに 気を (　　　　) ください。

1　もって　　2　つけて　　3　とって　　4　はって

⑩ いそがしくて あまり 食べていないので、(　　　　) そうです。

1　とまり　　2　ねむり　　3　たおれ　　4　すべり

⑪ さむい日に あめに (　　　　)、かぜを ひきました。

1　ふって　　2　よごれて　　3　おちて　　4　ぬれて

⑫ そふは とても 元気で、「100さいまで (　　　　)」と 言っています。

1　くらす　　2　いきる　　3　おこる　　4　かわる

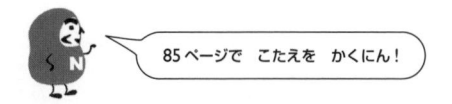

もんだい2 (　　　　)に なにを いれますか。

① スポーツの (　　　　) は けんこうに 気を つけて います。

　1　せんしゅ　　2　しみん　　3　しま　　4　かれら

② ねつも あるし、おなかも いたいし、きのうから (　　　　) が わるいです。

　1　かたち　　2　ようす　　3　つごう　　4　ぐあい

③ 友だちが びょうきに なったので、(　　　　) に 行きました。

　1　おいわい　　2　おみまい　　3　おみやげ　　4　おつり

④ 体は もちろん、(　　　　) の けんこうも たいせつに しましょう。

　1　あたま　　2　こころ　　3　き　　4　うで

⑤ (　　　　) は 好きですが、50メートルしか およげません。

　1　じゅうどう　　2　ちゃどう　　3　すいどう　　4　すいえい

⑥ ずっと コンピューターを 使っていたら、(　　　　) が いたく なりました。

　1　くび　　2　ひざ　　3　かど　　4　すみ

語彙 9日目

⑦まどを あけて しんせんな（　　　　）を 入れましょう。

1　いき　　　2　くうき　　　3　けしき　　　4　しぜん

⑧たまねぎは（　　　　）を きれいに して くれる そうです。

1　け　　　　2　み　　　　3　ね　　　　4　ち

⑨かぜを ひいて、（　　　　）が いたくて せきが とまりません。

1　かみ　　　2　ねつ　　　3　のど　　　4　ひざ

⑩あさ 5時に おきて、30分くらい（　　　　）を して います。

1　ショッピング　2　ジョギング　3　オーバー　4　マーク

⑪まいにち（　　　　）を 食べて、やさいを たくさん とりましょう。

1　サラダ　　　2　ステーキ　　　3　ハンバーガー　4　スパゲッティ

⑫あしたの ごごは じむしょで（　　　　）が あります。

1　バスケット　2　ミーティング　3　ダイエット　4　オートバイ

85ページで こたえを かくにん！

得点　／12

◆8日目のこたえ
もんだい1　①2　②4　③2　④3　⑤4　⑥3　⑦1　⑧3　⑨1　⑩3　⑪4　⑫3
もんだい2　①2　②3　③4　④1　⑤2　⑥3　⑦4　⑧2　⑨3　⑩2　⑪4　⑫1

81

語彙 10日目	暮らし　動詞&名詞

Everyday life (verbs and nouns)
CUỘC SỐNG　Động từ & Danh từ

毎日 使う ことばが いっぱい！

もんだい1　（　　　）に　なにを　いれますか。

① おなかが すいて きたから、そろそろ ばんごはんを（　　　）ます。

　　1　すすめ　　2　きまり　　3　じゅんびし　　4　まにあい

② ずっと 一人で（　　　）いるので、そうじも りょうりも できます。

　　1　せいかつして　　2　べんきょうして　　3　おきて　　4　はこんで

③ そうじきが（　　　）しまって、とても ふべんです。

　　1　はんたいして　　2　おくって　　3　すべって　　4　こしょうして

④ いつもより おそく おきたので、（　　　）あさごはんを つくりました。

　　1　あるいて　　2　さわいで　　3　いそいで　　4　ひいて

⑤ 天気が よくて せんたくものが よく（　　　）ます。

　　1　なり　　2　かわき　　3　あらい　　4　つづき

⑥ ときどき コップを おとして（　　　）しまう ことが あります。

　　1　わかして　　2　おって　　3　やぶって　　4　わって

⑦ ばんごはんで（　　　　）ものを れいぞうこに 入れて おきます。

　　1　わたった　　2　もった　　3　のこった　　4　わった

⑧ 電車を 2回も（　　　　）、安い スーパーへ 行きます。

　　1　のって　　2　おりて　　3　くらべて　　4　のりかえて

⑨ さかなが（　　　　）、おいしそうな においが します。

　　1　とめて　　2　つって　　3　うって　　4　やけて

⑩ 子どもの ふくは せんたくしても すぐに（　　　　）しまいます。

　　1　われて　　2　よごれて　　3　ゆれて　　4　ひらいて

⑪ せんたくきが（　　　　）いる あいだに へやを そうじします。

　　1　まわって　　2　すべって　　3　むかって　　4　なって

⑫ 今の いえは せまいので、ひろい ところに（　　　　）たいです。

　　1　とどけ　　2　うごき　　3　ひっこし　　4　はこび

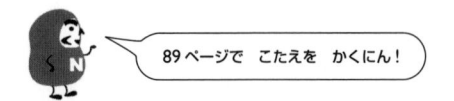

89ページで こたえを かくにん！

得点　　／12

もんだい2 (　　　　) に　なにを　いれますか。

① りょうりを　している　(　　　　)で　地震が　ありました。

　1　うち　　　　2　とちゅう　　3　いない　　4　いがい

② もえる　(　　　　)は　火よう日と　金よう日に　出して　ください。

　1　ごみ　　　　2　ちり　　　　3　かみ　　　4　こと

③ そうじの　ときは　(　　　　)の　上も　わすれないで　きれいに　します。

　1　かべ　　　　2　たな　　　　3　めん　　　4　うら

④ 今は　きない　ふくを　(　　　　)に　入れて　おきましょう。

　1　すみ　　　　2　つくえ　　　3　かいじょう　4　おしいれ

⑤ くろい　(　　　　)が　出てきたので、ジョギングを　やめました。

　1　日　　　　　2　ゆき　　　　3　くも　　　4　あめ

⑥ いつも　ラジオ　(　　　　)を　ききながら　そうじしています。

　1　ばんぐみ　　2　きょく　　　3　はつおん　　4　はなし

語彙 10日目

⑦この おかしは プレゼントではなくて、じぶん（　　　　）です。

1　そう　　　　2　よう　　　　3　けい　　　　4　もの

⑧いえを（　　　　）に するときは、かぎを よく チェックしましょう。

1　るす　　　　2　あけ　　　　3　じゆう　　　　4　かど

⑨帰りが おそくなる（　　　　）は、スーパーで ごはんを 買います。

1　てん　　　　2　よてい　　　　3　ばあい　　　　4　ようじ

⑩はる らしく へやの（　　　　）を うすい グリーンに かえました。

1　シャッター　　2　カーテン　　3　ガーデン　　4　セーター

⑪買いものを したときの（　　　　）は すてないで とって あります。

1　ルール　　　　2　レジ　　　　3　タイプ　　　　4　レシート

⑫今日の ばんごはんは（　　　　）を つくろうと おもいます。

1　オーバー　　　2　ハンバーグ　　3　バーゲン　　4　コンビニ

89ページで こたえを かくにん！

得点　／12

◆9日目のこたえ

もんだい1　①3　②4　③1　④2　⑤3　⑥4　⑦1　⑧4　⑨2　⑩3　⑪4　⑫2

もんだい2　①1　②4　③2　④2　⑤4　⑥1　⑦2　⑧4　⑨3　⑩2　⑪1　⑫2

語彙 11日目 町 動詞&名詞

Around town (verbs and nouns)
THỊ TRẤN Động từ & Danh từ

きみの 町のこと、いろいろ 教えて！

N4

もんだい1 （　　　）に なにを いれますか。

① ここを （　　　）と、えきに はやく 行けます。

　　1　とおる　　2　とめる　　3　うごく　　4　すわる

② くにの 友だちに とうきょうを （　　　）ます。

　　1　たずね　　2　あんないし　　3　えんりょし　　4　うかがい

③ 電車の ドアが しまる とき、ベルが （　　　）ます。

　　1　なき　　2　きき　　3　なり　　4　つき

④ あの ホテルに とまるなら （　　　）した ほうが いいですよ。

　　1　よやく　　2　へんじ　　3　しょうかい　　4　ようい

⑤ こうえんの ところで みちが 右と 左に （　　　）います。

　　1　ひらいて　　2　なげて　　3　わかれて　　4　わたって

⑥ ここは みちが せまいですから、（　　　）しないで ください。

　　1　せいさん　　2　ちゅうしゃ　　3　ちゅうい　　4　せつめい

⑦この しゃしんを 見ると、わたしの まちを (　　　) ます。

1　きこえ　　　2　おもいだし　　　3　おぼえ　　　4　おどろき

⑧日よう日の あさは 電車が (　　　) いますね。

1　ひいて　　　2　たりて　　　3　すいて　　　4　あいて

⑨ことしも なつの おまつりを かぞくで (　　　) します。

1　けんぶつ　　　2　きょうそう　　　3　ちゅうい　　　4　えんりょ

⑩古い ビルが (　　　)、新しい ビルが たてられました。

1　なげられて　　　2　こわされて　　　3　やぶられて　　　4　おとされて

⑪わたしの ふるさとは 20年前も 今も (　　　) いません。

1　きまって　　　2　かわいて　　　3　うつして　　　4　かわって

⑫みなとが ある まちでは、ふねの 音が (　　　) ます。

1　もどり　　　2　きこえ　　　3　すべり　　　4　しらせ

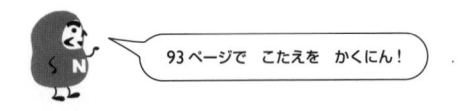

もんだい2 （　　　）に　なにを　いれますか。

①うみが　すきなので　南の　（　　　）に　すみたいです。

　　1　しま　　　　2　さか　　　　3　すみ　　　　4　かど

②とうきょうは　ちかてつや　バスなど（　　　）が　べんりです。

　　1　かいしゃ　　2　かたち　　　3　しみん　　　4　こうつう

③ここは　ビルばかりですが、（　　　）には　山も　川も　あります。

　　1　こくさい　　2　こうがい　　3　こくない　　4　くうこう

④今は　お金が　ありませんが、（　　　）は　お金もちに　なりたいです。

　　1　きょうかい　2　きょういく　3　しゃちょう　4　しょうらい

⑤この　えきは　小さいので、（　　　）は　とまりません。

　　1　しゅうかん　2　こうじょう　3　きゅうこう　4　きょうそう

⑥日本には　おもしろい　（　　　）が　たくさん　あります。

　　1　まわり　　　2　ばしょ　　　3　きんじょ　　4　だんぼう

語彙 11日目

⑦ ヨーロッパの くにの ぶんかや (　　　) が しりたいです。

1　りゆう　　2　ようじ　　3　ひかり　　4　れきし

⑧ 日本の (　　　) は 一おく人 より 多いです。

1　しゅじん　2　じんこう　3　かいがん　4　じんじゃ

⑨ おなじ 国でも いろいろな (　　　) が あります。

1　しゅうかん　2　こうぎ　　3　せいじ　　4　けいたい

⑩ きのう バスに (　　　) を しましたが、今日 かえって きました。

1　へんじ　　2　こたえ　　3　わすれもの　4　ひきだし

⑪ 2020年までに がいこくからの かんこうきゃくが (　　　) に ふえるでしょう。

1　かい　　　2　ばい　　　3　まい　　　4　だい

⑫ とうきょうが せかいで いちばん ぶっかが 高い というのは
(　　　) な 話です。

1　ハード　　2　オーバー　3　バーゲン　4　テキスト

93ページで こたえを かくにん！　　得点　／12

◆ 10日目のこたえ
　もんだい1　①3　②1　③4　④3　⑤2　⑥4　⑦3　⑧4　⑨4　⑩2　⑪1　⑫3
　もんだい2　①2　②1　③2　④4　⑤3　⑥1　⑦2　⑧1　⑨3　⑩2　⑪4　⑫2

語彙 12日目 い形容詞
i-adjectives
Tính từ -i

むずかしいかな？ やさしいかな？

N4

もんだい1 （　　　）に なにを いれますか。

① ふゆの ふじ山は とても （　　　）ですよ。

1　大きい　　2　ながい　　3　たかい　　4　うつくしい

② せかいでも （　　　）とりが 見つかりました。

1　むずかしい　2　めずらしい　3　あつい　　4　にがい

③ ころんだ ところを たくさんの 人に 見られて、とても （　　　）かった。

1　やさし　　2　つまらな　　3　うれし　　4　はずかし

④ この ケーキは とても （　　　）ですね。

1　つらい　　2　やわらかい　3　ただしい　4　たのしい

⑤ ことしの なつは （　　　）あつさで、たおれた 人が 多かった。

1　ひどい　　2　あさい　　3　にがい　　4　かたい

⑥ この シャツは （　　　）のに とても あたたかいですね。

1　あつい　　2　うすい　　3　かわいい　4　やわらかい

⑦ りゅうがくせいの スピーチは みんな とても (　　　) です。

1　つよかった　　　　2　すばらしかった
3　うれしかった　　　4　ほそかった

⑧ あには サッカーが とても (　　　) です。

1　かるい　　2　おもい　　3　まるい　　4　うまい

⑨ 友だちに バースデー・パーティーを やって もらって (　　　) かったです。

1　うれし　　2　さびし　　3　うす　　4　ねむ

⑩ 一日で こんなに 大きな えを かいた人は (　　　) と おもいます。

1　かなしい　　2　つまらない　　3　すごい　　4　ひどい

⑪ この チョコレートは ちょっと (　　　) ですね。

1　すずしい　　2　よわい　　3　あかるい　　4　にがい

⑫ わたしは とても (　　　) そぼが だいすきです。

1　うれしい　　2　よろしい　　3　やさしい　　4　むずかしい

97ページで こたえを かくにん！

⑬ ごはんを 食べた ばかりで、とても （　　　　）です。

　　1　ねむい　　　2　こわい　　　3　さむい　　　4　きびしい

⑭ この パンは ちょっと （　　　　）ですが、とても おいしいです。

　　1　くらい　　　2　かたい　　　3　あたらしい　　4　ながい

⑮ はじめに やさいを （　　　　）きって ください。

　　1　すくなく　　2　すずしく　　3　つめたく　　4　こまかく

⑯ この プールは （　　　　）ので あぶないです。

　　1　あかるい　　2　ふかい　　　3　たかい　　　4　あまい

⑰ わたしは やさしい 先生より （　　　　）先生の ほうが 好きです。

　　1　きびしい　　2　いそがしい　　3　さびしい　　4　からい

⑱ 日本へ 来た ばかりの ときは （　　　　）ですが、今は だいじょうぶです。

　　1　かわいかった　　2　さびしかった
　　3　あかるかった　　4　つよかった

語彙 12日目

⑲ たいせつな 友だちと さよならするのは とても （　　　　）です。

1　からい　　　2　つらい　　　3　あまい　　　4　うるさい

⑳ エアコンの 音が （　　　　）ですから、みて もらいましょう。

1　たのしい　　2　おいしい　　3　かなしい　　4　おかしい

㉑ 子どもの ときは 一人で トイレに 行くのが （　　　　）です。

1　にがかった　2　こわかった　3　くろかった　4　かるかった

㉒ かぞくの ような ペットの 犬が しんで、とても （　　　　）です。

1　やわらかい　2　ふかい　　　3　かなしい　　4　さむい

㉓ わたしの マンションは えきから ちかいですが、車の おとが
（　　　　）です。

1　こまかい　　2　いそがしい　3　うるさい　　4　たかい

㉔ テーブルの 上が （　　　　）ので、きれいに して ください。

1　きたない　　2　やさしい　　3　きびしい　　4　つらい

97ページで こたえを かくにん！　　　得点　　／24

・・・・・・・・・・・・・・・・・・・・・・・・・・・・・・・・・・・・・・・

◆ 11日目のこたえ

もんだい1　①1　②2　③3　④1　⑤3　⑥2　⑦2　⑧3　⑨1　⑩2　⑪4　⑫2
もんだい2　①1　②4　③2　④4　⑤3　⑥2　⑦4　⑧2　⑨1　⑩3　⑪2　⑫2

語彙 13日目 — な形容詞 (na-adjectives / Tính từ -na)

ぜんぶ 便利で 大切な ことばだよ！

もんだい1 （　　　）に なにを いれますか。

① 今日は デートでしたが、（　　　）しごとで 行けなく なりました。

　1　しんせつな　　2　きゅうな　　3　だめな　　4　ふつうな

② こんなに たくさんの コピーを 一人で やるのは （　　　）です。

　1　まじめ　　2　ふくざつ　　3　あんしん　　4　むり

③ ひっこした ばかりで パソコンが つかえないので、（　　　）です。

　1　ふべん　　2　あんぜん　　3　とくべつ　　4　じゃま

④ キッチンから （　　　）においが しますから、見て きます。

　1　じょうずな　　2　ひまな　　3　へんな　　4　ひつような

⑤ しらない 人に みちを 聞いたら、（　　　）おしえて くれました。

　1　だいじに　　2　むりに　　3　きけんに　　4　しんせつに

⑥ （　　　）べんきょうしたら せいせきが よくなりました。

　1　まじめに　　2　いやに　　3　てきとうに　　4　かんたんに

語彙 13日目

⑦山に のぼる ときは (　　　) 水を もって 行きましょう。

　1　じゅうぶんな　2　ふくざつな　3　げんきな　　4　しずかな

⑧よる 帰る ときは 大きい とおりの ほうが (　　　) です。

　1　あんぜん　　2　だいじ　　　3　ゆうめい　　4　ひま

⑨田中先生は とても (　　　) おしえて くださる いい 先生です。
　　たなか

　1　だめに　　　2　ひつように　3　あんぜんに　4　ねっしんに

⑩かれは わたしに とって たいせつで (　　　) 人です。

　1　かんたんな　2　とくべつな　3　ていねいな　4　べつべつな

⑪友だちから もらった マグカップを (　　　) して います。

　1　ふくざつに　2　へんに　　　3　べんりに　　4　だいじに

⑫きのうの テストは (　　　) で、100 てんの 人が たくさん いました。

　1　かんたん　　2　ゆうめい　　3　ふつう　　　4　あんしん

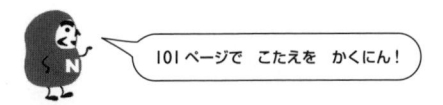

101ページで こたえを かくにん！

⑬ この みちは 車が 多くて（　　　　）です。

　　1　らく　　　2　てきとう　　　3　きけん　　　4　きれい

⑭ こちらの 本は（　　　　）おとり ください。

　　1　じゃまに　　2　きらいに　　3　じゆうに　　4　ふべんに

⑮ この はこは（　　　　）ですから、となりの へやに はこんで ください。

　　1　だめ　　　2　じゃま　　　3　らく　　　4　むり

⑯ 今日は いそがしいですが、あした なら（　　　　）ですよ。

　　1　ひま　　　2　へん　　　3　きゅう　　　4　べつべつ

⑰ としょかんに 電話したら とても（　　　　）こたえて くれました。

　　1　きれいに　　2　べんりに　　3　ていねいに　　4　きけんに

⑱ じしょを 買いたかったのですが、（　　　　）ねだんのが ありませんでした。

　　1　ふくざつな　　2　だめな　　3　きけんな　　4　てきとうな

語彙　13日目

⑲ とうきょうで アパートを かりるのに いくらぐらい（　　　　）ですか。

1　ひつよう　　2　たいせつ　　3　ゆうめい　　4　べんり

⑳ この 文（ぶん）は（　　　　）で、とても わかり にくいです。

1　かんたん　　2　きゅう　　3　しんせつ　　4　ふくざつ

㉑ レストランの レジで 二人（ふたり）（　　　　）お金を はらいました。

1　きけんに　　2　じゅうぶんに　　3　べつべつに　　4　とくに

㉒ こちらが あいさつしたのに 何も 言わない のは（　　　　）です。

1　ふくざつ　　2　しつれい　　3　てきとう　　4　ていねい

㉓ 行きたかった パーティーに 行けなくて、とても（　　　　）です。

1　らく　　2　むり　　3　ざんねん　　4　ひじょう

㉔ あさ はやく 起（お）きて べんきょうしようと おもいましたが、（　　　　）でした。

1　きゅう　　2　ひま　　3　べつ　　4　だめ

101ページで こたえを かくにん！

得点　　／24

◆ 12日目のこたえ

もんだい1　①4　②2　③4　④2　⑤1　⑥2　⑦2　⑧4　⑨1　⑩3　⑪4　⑫3
　　　　　⑬1　⑭2　⑮4　⑯2　⑰1　⑱2　⑲2　⑳4　㉑2　㉒3　㉓3　㉔1

語彙 14日目	**副詞（1）**

Adverbs (1)
Phó từ (1)

これがわかれば、会話が 楽しくなるね！ N4

もんだい1　（　　　）に　なにを　いれますか。

① 1年で　日本語が　（　　　）じょうずに　なりましたね。

　　1　たしか　　　2　ちっとも　　　3　それほど　　　4　だいぶ

② べんきょうしたら、わかる　ことばが　（　　　）ふえました。

　　1　なかなか　　2　どんどん　　　3　ぜんぜん　　　4　ときどき

③ いそがしいですが、だいがくの　友だちとは　（　　　）あいます。

　　1　たまに　　　2　すっきり　　　3　なるほど　　　4　とうとう

④ せんしゅうは　お休みでしたが、お体は　（　　　）でしょうか。

　　1　どんな　　　2　そんな　　　3　いかが　　　　4　しばらく

⑤ テストは　むずかしいと　おもって　いましたが、（　　　）でも　ありませんでした。

　　1　とくに　　　2　ひじょうに　　3　ずいぶん　　　4　それほど

⑥ おきなわに　行った　ことが　ないので、（　　　）行って　みたいです。

　　1　たしか　　　2　ぜひ　　　　3　また　　　　4　ほとんど

語彙 14日目

⑦日本での たのしい けいけんは（　　　　）わすれません。

1　ずいぶん　　2　しっかり　　3　けっして　　4　すっかり

⑧あした（　　　　）強い 台風が 来るそうです。

1　ひじょうに　　2　ちょくせつ　　3　そろそろ　　4　やっと

⑨10年も 前から すきだった スターに（　　　　）あえて うれしいです。

1　だいたい　　2　やっと　　3　もうすぐ　　4　なるべく

⑩この とりは せかいで（　　　　）きれいだと 言われて います。

1　たいてい　　2　きっと　　3　もっとも　　4　ずっと

⑪バスが（　　　　）来なくて、ちこくして しまいました。

1　なるべく　　2　はっきり　　3　かならず　　4　なかなか

⑫かのじょと けんかが 多くて、（　　　　）わかれて しまいました。

1　とうとう　　2　だいたい　　3　そろそろ　　4　もちろん

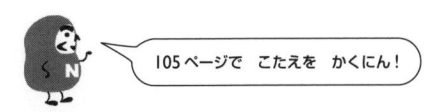

105ページで こたえを かくにん！

⑬ しごとが いそがしくて (　　　　) りょこうも できませんでした。

　　1　ひじょうに　　2　できるだけ　　3　しばらく　　4　ぜひ

⑭ イタリア語を ならいましたが、(　　　　) わすれて しまいました。

　　1　きちんと　　2　すっかり　　3　はっきり　　4　しっかり

⑮ 2年前は テレビを 見ても 日本語が (　　　　) わかりませんでした。

　　1　べつに　　2　さいしょに　　3　ちっとも　　4　かならず

⑯ 日よう日は (　　　　) いえで ゆっくり 休んで います。

　　1　たいてい　　2　だんだん　　3　ずいぶん　　4　そろそろ

⑰ この コートは 高そうに 見えますが、(　　　　) 高くないです。

　　1　ずっと　　2　いつも　　3　そんなに　　4　よく

⑱ この もんだいは むずかしくて、(　　　　) わかりません。

　　1　ずいぶん　　2　ぜんぜん　　3　しばらく　　4　たとえば

⑲ もう おそいですから （　　　　） しつれいします。

　　1　だんだん　　2　まだ　　3　いっぱい　　4　そろそろ

⑳ ねつも あるし、のども いたいし、（　　　　） かぜの ようです。

　　1　どうも　　2　どうぞ　　3　どうか　　4　どんなに

㉑ きょうの かいぎは （　　　　） しゃちょうが あいさつを します。

　　1　こんど　　2　このごろ　　3　さいしょに　　4　さいきん

㉒ この前 あったのは 半年も 前ですから、（　　　　） ですね。

　　1　さっき　　2　もうすぐ　　3　まず　　4　ひさしぶり

㉓ （　　　　）、えきで 川口さんを 見ました。

　　1　はじめに　　2　このあいだ　　3　これから　　4　しばらく

㉔ むかしに くらべると、（　　　　） あめが たくさん ふりますね。

　　1　そろそろ　　2　こんど　　3　このごろ　　4　ちっとも

105ページで こたえを かくにん！

得点　／24

◆ 13日目のこたえ

　　もんだい1　①2　②4　③1　④3　⑤4　⑥1　⑦1　⑧1　⑨4　⑩2　⑪4　⑫1
　　　　　　　⑬3　⑭3　⑮2　⑯1　⑰3　⑱4　⑲1　⑳4　㉑3　㉒2　㉓3　㉔4

101

語彙 15日目

副詞（2）
Adverbs (2)
Phó từ (2)

しっかり おぼえて、レベルアップ！

N4

もんだい1 （　　）に なにを いれますか。

① いつもは しずかなのに 今日は （　　　　） 人が 多いですね。

1　とくに　　　2　やはり　　　3　たしか　　　4　ずいぶん

② しゅくだいは いえに 帰ったら （　　　　） すぐ やって います。

1　できるだけ　2　もう　　　　3　まだ　　　　4　なるほど

③ 子どもの ときから 今まで （　　　　） 日本が すきでした。

1　やっと　　　2　ずっと　　　3　まだ　　　　4　もっと

④ N4の しけんに （　　　　） うかるように がんばって います。

1　はっきり　　2　ぴったり　　3　たしか　　　4　かならず

⑤ アルバイト代は 一か月 （　　　　） 5万円です。

1　だいたい　　2　かなり　　　3　どんどん　　4　なるべく

⑥ 林さんは このごろ うれしそうですが、（　　　　） かのじょが できたそうです。

1　きっと　　　2　やはり　　　3　たとえば　　4　まだ

⑦ かれは おかねもちだと 聞きましたが、(　　　) 高そうな ものを きています。

　1　どうか　　　2　どうぞ　　　3　なるほど　　　4　たとえば

⑧ この くつは デザインも サイズも わたしに (　　　) です。

　1　すっかり　　2　ぴったり　　3　しっかり　　　4　はっきり

⑨ まいにち たくさん べんきょうしたので、(　　　) N4の しけんは だいじょうぶです。

　1　きっと　　　2　ぜひ　　　　3　もっとも　　　4　たしか

⑩ あの 人の なまえは (　　　) 山下さんだと おもいますが……。

　1　なるべく　　2　はっきり　　3　たしか　　　　4　どうも

⑪ 日本りょうりが いいなら、(　　　) すしや てんぷらは どうですか。

　1　たいてい　　2　たしかに　　3　ひじょうに　　4　たとえば

⑫ この えいがを 見たいんですが、時間が なくて (　　　) 見ていません。

　1　また　　　　2　ぜひ　　　　3　もう　　　　　4　まだ

107ページで こたえを かくにん！

⑬ かおが にているので （　　　　） あの 二人(ふたり)は きょうだいだと おもいます。

　　1　なるべく　　　2　たぶん　　　3　すっきり　　　4　かならず

⑭ スポーツが すきで、（　　　　） バスケットボールが すきです。

　　1　よく　　　　　2　とくに　　　3　まだ　　　　　4　べつに

⑮ はれの 日は ここから ふじ山(さん)が （　　　　） 見えます。

　　1　はっきり　　　2　もっとも　　3　ぜんぜん　　　4　それほど

⑯ レポートは らいしゅうまで ですが、（　　　　） はやく 出して ください。

　　1　なるほど　　　2　ほとんど　　3　なるべく　　　4　たいてい

⑰ チャンスが あったら、（　　　　） 日本へ 行きたいです。

　　1　もう　　　　　2　どうぞ　　　3　どうも　　　　4　もちろん

⑱ かべの えが おちない ように （　　　　） とめて ください。

　　1　もっとも　　　2　しっかり　　3　たくさん　　　4　けっして

語彙　15日目

⑲ しゅくだいは （　　　　） できていて、あと　5分で　おわります。

　1　もう　　　2　やっと　　　3　とうとう　　　4　ほとんど

⑳ （　　　　）日本に　りゅうがくできたら　とても　うれしいです。

　1　もっと　　　2　もし　　　3　けっして　　　4　そんなに

㉑ おさけが　すきなら （　　　　） いっしょに　飲みましょう。

　1　やっと　　　2　さっき　　　3　こんど　　　4　もうすぐ

㉒ いえに　帰ってきて、（　　　　） ばんごはんを　食べた　ところです。

　1　さっき　　　2　もっと　　　3　さいきん　　　4　そろそろ

㉓ （　　　　） クリスマスですから、プレゼントを　かんがえないと。

　1　どんどん　　　2　このあいだ　　　3　このごろ　　　4　もうすぐ

㉔ 日本の　しゅうかんが （　　　　） わかるように　なりました。

　1　ぜんぜん　　　2　なかなか　　　3　とうとう　　　4　だんだん

107ページで　こたえを　かくにん！

得点　／24

◆ 14日目のこたえ

もんだい1　①4　②2　③1　④3　⑤4　⑥2　⑦3　⑧1　⑨2　⑩3　⑪4　⑫1
　　　　　⑬3　⑭2　⑮3　⑯1　⑰3　⑱2　⑲4　⑳1　㉑3　㉒4　㉓2　㉔3

語彙

他にも、こんなことばをチェックしておきましょう
Let's also check these other words.
Ngoài ra, các em hãy tự kiểm tra lại những từ sau đây nhé!

自動詞（〜がV）・他動詞（〜をV）
Intransitive（〜が）/ transitive（〜を）verbs
Tự động từ / Tha động từ

とても にているので、文で おぼえましょう。

	例文
開く	風で ドアが 開きました。
開ける	教室の ドアを 開けました。
閉まる	店が 10時に 閉まります。
閉める	寒い ですから まどを 閉めました。
上がる	テストの 点数が 上がりました。
上げる	じゅぎょうで 手を 上げました。
下がる	セールで ねだんが 下がりました。
下げる	うでを 下げて ください。
変わる	天気が よく 変わります。
変える	ヘアスタイルを 変えました。
つづく	大雨が まだ つづきます。
つづける	これからも 勉強を つづけます。
止まる	雪で 電車が 止まりました。
止める	ここに 車を 止めないで ください。
ならぶ	たくさん 人が ならんで います。
ならべる	こちらに いすを ならべて ください。
始まる	もうすぐ コンサートが 始まります。
始める	パーティーを 始めましょう。
入る	（あなたが） 部屋に 入る ときは ノックしましょう。
入れる	コーヒーに さとうと ミルクを 入れます。

数えるときのことば（助数詞）
Counter suffixes
Từ dùng khi đếm (trợ số từ)

数字によって　音が　変わることも　ありますから、気をつけましょう。

	～本 （長い物）	～杯（グラスの飲み物やラーメン）	～匹 （小さい動物）	～軒 （家や建物）	～泊 （泊まった数）
1	いっぽん	いっぱい	いっぴき	いっけん	いっぱく
2	にほん	にはい	にひき	にけん	にはく
3	さんぼん	さんばい	さんびき	さんげん	さんぱく
4	よんほん	よんはい	よんひき	よんけん	よんはく
5	ごほん	ごはい	ごひき	ごけん	ごはく
6	ろっぽん	ろっぱい	ろっぴき	ろっけん	ろっぱく
7	ななほん	ななはい	ななひき	ななけん	ななはく
8	はっぽん はちほん	はっぱい はちはい	はっぴき はちひき	はっけん はちけん	はっぱく はちはく
9	きゅうほん	きゅうはい	きゅうひき	きゅうけん	きゅうはく
10	じっぽん じゅっぽん	じっぱい じゅっぱい	じっぴき じゅっぴき	じっけん じゅっけん	じっぱく じゅっぱく
?	なんぼん	なんばい	なんびき	なんげん	なんぱく

・・

◆ 15日目のこたえ

もんだい1　①4　②1　③2　④4　⑤1　⑥2　⑦3　⑧2　⑨1　⑩3　⑪4　⑫4
　　　　　⑬2　⑭2　⑮1　⑯3　⑰4　⑱2　⑲4　⑳2　㉑3　㉒1　㉓4　㉔4

あいさつ　Greetings / CHÀO HỎI

会話は　あいさつから！
おぼえて、どんどん　使ってみましょう。

出かけるとき
A「いってらっしゃい」
B「いってまいります」「いってきます」

帰ったとき
A「ただいま」
B「おかえりなさい」

会社で
A「お先に　しつれいします」
B「おつかれさまでした」

おいわい
A「（ごけっこん）おめでとうございます」
B「どうも　ありがとうございます」

※（　　）には、「おたんじょうび」「ごしゅっさん」「ごにゅうがく」
「ごそつぎょう」「ごうかく」など

カタカナで書く国名&地域名 （こくめい ちいきめい）
Country and region names in katakana
Viết tên nước và tên địa danh bằng Katakana

自分の 国の 名前を、正しく カタカナで 書けますか。
（じぶん くに なまえ ただ）

国のなまえ（くに）

アメリカ	United States of America	nước Mỹ
イギリス	Great Britain / United Kingdom	nước Anh
イタリア	Italy	nước Ý
インド	India	nước Ấn Độ
インドネシア	Indonesia	nước In-đô-nê-xi-a
エジプト	Egypt	nước Ai Cập
オーストラリア	Australia	nước Úc
カナダ	Canada	nước Canada
ギリシャ	Greece	nước Hy Lạp
シンガポール	Singapore	nước Singapore
スウェーデン	Sweden	nước Thuỵ Điển
スペイン	Spain	nước Tây Ban Nha
タイ	Thailand	nước Thái Lan
ドイツ	Germany	nước Đức
ネパール	Nepal	nước Nepal
フィリピン	the Philippines	nước Phi-líp-pin
ブラジル	Brasil	nước Brazil
フランス	France	nước Pháp
ベトナム	Vietnam	nước Việt Nam
マレーシア	Malaysia	nước Malaysia
ミャンマー	Myanmar	nước Myanma
メキシコ	Mexico	nước Mexico
ロシア	Russia	nước Nga

地域（ちいき）

ヨーロッパ	Europe	châu Âu
アジア	Asia	châu Á
アフリカ	Africa	châu Phi

※ 「中国」「香港」「台湾」「韓国」は、ふつう漢字で書きます。
（ちゅうごく ほんこん たいわん かんこく） （かんじ）

China, Hong Kong, South Korea and Taiwan are normally written in kanji.
Các nước "Trung Quốc", "Hồng Kông", "Đài Loan", "Hàn Quốc" sẽ được viết bằng chữ kanji.

にほんごコラム

日本人は 漢字が とくい？ にがて？

　日本語を 勉強していると、どんどん 新しい 漢字が 出てきます。みなさんの 中には「どうやったら 漢字を 早く おぼえられるの？」「いくつ 漢字を おぼえたら いいの？」と 思う人も 多いでしょう。

　でも、「漢字は むずかしい」と 思っているのは 外国人の みなさんだけではありません。日本人も 同じなのです。さいきんは 大学生の 日本語の レベルが 下がっていると 問題にも なっています。

　みなさんが 日本語能力試験の ために 勉強しているように、日本人の ための 漢字テストも あるのを 知って いますか。小学生から 大人まで 多くの 日本人が この テストのために 勉強して、自分の「漢字力」を チェックして います。

　どれだけ 漢字を 知っているかを きょうそうする テレビ番組も いろいろ あります。日本人も はじめから 漢字を 知っているのでは ありません。「勉強」しているのです。

　「漢字は むずかしくて きらいだ」という みなさん。これからも いっしょに がんばりましょう。

<ことば>

＊とくい＝ to be good at
　　　　　giỏi, tâm đắc

＊にがて＝ to be poor at
　　　　　yếu, kém

文法
ぶんぽう

Ｎ４文法を　チェックしたら、練習問題へ。
一つずつ　かくにんしながら、つぎに　進みましょう。

Move to the exercises after checking the N4 grammar points.
Sau khi kiểm tra lại ngữ pháp N4, hãy làm các bài luyện tập. Vừa tự xác nhận từng câu, vừa làm bài tập tiếp theo.

【文法は３タイプ】

There are three types of grammar exercises:
Có 3 dạng ngữ pháp

☐　**文の（　　　　）に　どれを　入れたら　正しい　文に　なるか**
　　Fill in the gap with the correct words.
　　Có thể chọn từ đúng để điền vào câu hay không?

☐　**文法として　正しく　意味の　通る　文を　組み立てられるか**
　　Construct a sentence that makes sense and is grammatically correct.
　　Có thể sắp xếp câu văn có nghĩa đúng về mặt ngữ pháp hay không?

☐　**文章の中の（　　　　）に　ながれに　合うものを　えらべるか**
　　Choose the words that match the sequence of a sentence.
　　Có thể chọn từ phù hợp với ngữ cảnh trong câu văn hay không?

※　**問題は、１６日目からの「かくにんテスト」を　見てください。**
　　You can practice your skills in the Review Test section from Day 16.
　　Về phần bài tập, hãy xem "Bài kiểm tra" từ ngày thứ 16.

これが　ポイント
N4

Specific focus
Dưới đây là điểm cần lưu ý:

> 動詞の　「〜形」を　しっかり　チェック！
> Pay attention to the form of each verb!
> Kiểm tra kỹ về thể của động từ
>
> （　　　）の　前の　助詞に　注意！
> Be careful with the particles that precede earch verb!
> Lưu ý về trợ từ phía trước của（　　　）

文法 1日目

Vます形＋

まず「ます形」から かくにんしましょう！

N4

Vます形＋

☐ **〜方**

〜をする方法
The way of doing something.
Cách, cách thức, phương pháp (làm việc gì)

＜れい＞

・この 字の 読み方を 教えてください。
・おいしい 料理の 作り方を 母に 習って います。

☐ **〜やすい**

〜をするのは かんたんだ、よく〜する、〜になる
Easy to do or perform. Happens often or easily.
Làm (việc gì đó) thì dễ, rất dễ làm, trở nên dễ làm

＜れい＞

・この 地図は とても 見やすくて いいですね。
・かれは ちょっと 太りやすい タイプです。

☐ **〜にくい**

〜をするのは むずかしい、なかなか〜しない、〜にならない
Difficult to do or perform. Does not happen often or easily.
Làm (việc gì đó) thì khó, rất khó làm, trở nên khó làm

＜れい＞

・この くつは 小さくて 歩きにくいので、あまり はきません。
・これは われにくい ガラスで できています。

POINT
「〜やすい」も「〜にくい」も、プラスのいみとマイナスのいみの両方がある

112

～だす

～がはじまる、～をはじめる
To begin to.
Bắt đầu, bắt đầu làm…

＜れい＞
・とつぜん 雨が 降りだす。
・かのじょは 急に なきだしました。
・電車が 時間どおりに 走りだしました。

～はじめる

～がはじまる、～をはじめる
To begin to.
Bắt đầu, bắt đầu làm…

＜れい＞
・さいきん 英語を 習いはじめました。
・そろそろ さくらが さきはじめるでしょう。

> **POINT**
> 「～だす」は、話し手の意志文には使わない
> ・さいきん 英語を 習いだしました。(×)
> ・さいきん 英語を 習いはじめました。(○)

～つづける

動作をつづける、状態がつづく
To continue, to remain.
Làm (việc gì đó) tiếp, liên tục

＜れい＞

・山火事は、２日間も　もえつづけて　います。
・友だちと　電話で　５時間も　話しつづけた。

～おわる

(始まっていたことが) 終わる
To finish, to end.
Làm (việc gì đó) xong, kết thúc

＜れい＞

・ずっと　読んでいた　本が　やっと　読みおわった。
・晩ごはんを　食べおわってから　テレビを　見ます。

AながらB

同じ人が、AとB２つのことを同時にする
To do two things simultaneously (to do B while doing A).
Tuy chủ thể của hành động là 1 người nhưng làm 2 việc A và B khác nhau

＜れい＞

・コーヒーを　飲みながら　新聞を　読みます。
・アルバイトを　しながら　大学で　勉強して　います。

POINT
Bのほうが重要なこと

れんしゅうもんだい

（　　　）に 何を 入れますか。

① 家を 出たら 急に 雪が 降り（　　　）。
　　1　はじまった　　　2　おわった
　　3　やすかった　　　4　はじめた

② 今ではなく ごはんを 食べ（　　　）から 話しましょう。
　　1　おわる　　2　おわった　　3　おわって　　4　おわり

③ その ランナーは 3時間も 走り（　　　）。
　　1　つづけた　　2　つづいた　　3　だした　　4　でた

④ 日本語を 習い（　　　）から もう 3年です。
　　1　だして　　2　おわって　　3　はじめて　　4　つづけて

⑤ A「すみません、駅への（　　　）方を 教えて ください。」
　　B「ここを 5分くらい まっすぐ 歩くと ありますよ。」
　　1　行く　　2　行き　　3　行きます　　4　行った

⑥ A「新しい 部長は どう？」
　　B「いつも むずかしい 顔を して、ちょっと
　　　話し（　　　）ね。」
　　1　やすい　　2　にくい　　3　つづける　　4　はじめる

119ページで こたえを かくにん！

得点　　／6

文法 2日目

Vて形＋ ▇▇▇

ぜったいに、わすれては いけないよ！

N4

Vて形＋ ▇▇▇

☐ **〜ていく**

今から（今後）変化する
Expresses a transition or change over time.
Sẽ trở nên (từ bây giờ trở đi sẽ thay đổi)

＜れい＞
・これから だんだん 寒く なって いくでしょう。
・日本は 子どもの 数が へって いくでしょう。

☐ **〜てくる**

過去から今まで変化する
Expresses a transition or change up to the present.
Đã trở nên (việc gì đó đã thay đổi từ quá khứ đến thời điểm hiện tại)

＜れい＞
・この 町も だんだん かわって きました。
・台風で 風が 強く なって きました。

☐ **〜ている**

何かをして、それが今もつづいている
To be doing something, in the process of, or in a given situation.
Đang, vẫn đang (việc gì đó đang tiếp diễn ở thời điểm hiện tại)

＜れい＞
・部屋の 窓が 開いて います。（＝開けて 今も）
・リーさんは けっこんして います。（＝けっこんして 今も）
・わたしは ずっと 日本に すんで います。（＝ひっこして 今も）

```
| まえ | ──〜てくる──→ | いま | ──〜ていく──→ | これから |
                        └──────〜ている──────┘
```

～ておく

～何かのじゅんびをする
To prepare something, to do something in anticipation.
Làm sẵn, làm trước (chuẩn bị cho việc gì đó)

＜れい＞
・友だちが 来る 前に 飲み物を 買って おきます。
・旅行に 行く 前に ホテルを よやくして おきます。

> **POINT**
> こんな使い方も！
> ・使った はさみを 引き出しに かたづけて おきます。（かたづける）
> ・テレビを 見ているので つけたままに して おいてください。（そのままにする）

～てしまう

①ぜんぶ終わった
Expresses the idea that something has been completed.
Đã (việc đã kết thúc)

＜れい＞
・晩ごはんの 前に しゅくだいを やって しまいました。

②しっぱいした、ざんねんだという気持ち
Expresses regret or an unintentional action.
Đã lỡ (thất bại, cảm giác tiếc nuối)

＜れい＞
・買ったばかりの かさを 電車に わすれて しまいました。

～てはいけない

～をするのはダメ 禁止
Forbidden or unacceptable.
Không được Cấm

＜れい＞
・川の 近くで あそんでは いけません。
・テストで 辞書を 使っては いけません。

☐ 〜てもいい

OKをあげる、もらう 　許可（きょか）

Permitted, acceptable or tolerated.
Làm cũng không sao 　Được cho phép

＜れい＞

・20さいに なったら お酒（さけ）を 飲んでも いいです。
・テストが 終（お）わったら 帰（かえ）っても いいです。

☐ 〜てもかまわない

OKをあげる、もらう 　許可（きょか）

Permitted, acceptable or tolerated.
Làm cũng không sao 　Được cho phép

＜れい＞

・ここで 写真（しゃしん）を とっても かまいません。

PLUS

「〜てもいい」「〜もかまわない」は、A・Nに接続（せつぞく）して「ベストではないが、それでもいい」という文（ぶん）になる。

・アパートは 駅（えき）から 少し 遠（とお）くても いい。
・パーティーは 土曜日（ようび）がいいが、日曜日（ようび）でも いい。

イAくても・ナAでも・Nでも

☐ 〜てみる

（どんなものか知（し）るために）する

To try something, to see how it goes.
Thử làm (để biết việc gì đó như thế nào)

＜れい＞

・本を 見ながら ケーキを 作（つく）って みました。
・外国（がいこく）に 住（す）んで みたいです。

れんしゅうもんだい

（　　　）に 何を 入れますか。

① 日本に 来る 外国人が ふえて（　　　　）。
　1　みました　　2　きました　　3　おきました　　4　ありました

② あしたは 休み だから、遅くまで 寝（　　　　）いい。
　1　てみて　　2　ていても　　3　ていては　　4　ているも

③ パーティーに 友だちと いっしょに（　　　　）かまいませんよ。
　1　来るのも　　2　来ても　　3　来たら　　4　来ないと

④ A「部長、コピーは 30まいですよね。」
　B「うん。終わったら 私の つくえの 上に おいて（　　　　）。」
　1　あって　　2　もいい　　3　みて　　4　おいて

⑤ A「ねえ 昼ごはん 食べに 行こうよ。」
　B「あ、これだけ やって（　　　　）から 5分 待って。」
　1　きた　　2　しまう　　3　ある　　4　なる

⑥ A「これ パリで とった 写真だよ。」
　B「わあ きれい。私も 行って（　　　　）なあ。」
　1　みたい　　2　みよう　　3　きた　　4　くる

123ページで こたえを かくにん！

得点　／6

◆ 1日目のこたえ　　①4　②3　③1　④3　⑤2　⑥2

文法 3日目

Vない形＋　　　　
Vじしょ形＋　　　　

N4

これも、しっかり おぼえなければ！

Ⅰ) Vない形＋　　　　

□ AないでB

①AをしないじょうたいでBをする
To do B without doing A.
Làm B trong trạng thái không làm A

＜れい＞
・ご飯を 食べないで 仕事を しました。
・かさを 持たないで 出かけます。

②Aをしないで、そのかわりにBをする
To do B instead of A.
Không làm A mà thay vào đó sẽ làm B

＜れい＞
・遊びに 行かないで うちで 休みました。
・昨日は 勉強しないで ずっと 寝て いました。

> **PLUS**
> 「ない形＋ずに」も同じ
> ・ご飯を 食べずに 仕事を しました。
> ・アルバイトを せずに 勉強だけ しています。

POINT
「しないで」は「せずに」になる

□ ～ないでください

～を禁止する、許可しない
To order or ask not to do something.
Cấm làm, không được phép làm

＜れい＞
・テストの 時は 辞書を 使わないで ください。
・アルバイトに おくれないで ください。

～ないようにする

～をしないと決めて、自分で気をつける
To refrain from doing something.
Tự lưu ý sẽ không

＜れい＞

・健康の ために お酒を たくさん 飲まない ように しています。
・宿題を わすれない ように してください。

～なくてはいけない・～なければならない

ぜったいに必要なこと ｜義務｜
Expresses the necessity or duty to do something.
Nhất định sẽ ｜Nghĩa vụ｜

＜れい＞

・毎月 25日までに 家賃を はらわなくては いけません。
・たくさん 漢字を 勉強しなければ ならない。

> **PLUS**
> 「～なくてはならない」「～なければいけない」も同じ

～なくてもいい・～なくてもかまわない

それをする必要がない
Not necessary or imperative.
Không cần phải

＜れい＞

・明日は 休みだから 早く 起きなくても いい。
・わたしには ていねいな ことばを 使わなくても かまわない。

> **PLUS**
> 「～なくてもいい」「～なくてもかまわない」は、A・Nに接続して「ベストではないが、それで問題はない」という文になる。
>
> ・アパートは 新しくなくても いい。
> ・けっこんする 相手は お金持ちじゃ なくても かまわない。
>
> イAくなくても・ナAでなくても・Nでなくても

Ⅱ) Vじしょ形＋___

□ ～ことがある・こともある

ときどき～する（いつもではない）

Expresses the idea that something occurs occasionally.
Thỉnh thoảng làm (không phải việc làm thường xuyên)

＜れい＞

・ひまが あると じぶんで 料理を する ことが ある。
・姉と 私は 仲が いいが、けんかする ことも ある。

> **PLUS**
> 「～ない形」もある
> ・日曜日は いつも 遊びに 行きますが、出かけない ことも あります。

□ ～よていだ

たぶん～する、～というプランがある

Expresses an intention or expectation.
Có thể sẽ…; Có dự định là sẽ…

＜れい＞

・飛行機は 午後3時に 大阪に 着く よていです。

> **PLUS**
> 「Nのよていだ」もある
> ・明日の 1時から かいぎの よていです。

文法　3日目

れんしゅうもんだい

（　　　）に　何を　入れますか。

① 明日も　学校だから　もう（　　　　　）ければ　ならない。
　　1　寝な　　　　　2　寝た　　　　　3　寝て　　　　　4　寝る

② 日曜日は　何も（　　　　　）に　ゆっくり　休みました。
　　1　しず　　　　　2　しなず　　　　3　せず　　　　　4　さず

③ 熱が　下がったので　薬を　飲（　　　　　）いいです。
　　1　んでも　　　　2　まなくても　　3　むのも　　　　4　んだら

④ A「会社では　スーツで　なければ　なりませんか。」
　　B「いいえ。スーツで　なくても（　　　　　）よ。」
　　1　いけません　　　　　2　かまいます
　　3　かまいません　　　　4　いけます

⑤ A「いつも　何時ごろ　家に　帰りますか。」
　　B「7時ごろ　ですが、お酒を　飲んで　帰る（　　　　　）も　ありますね。」
　　1　よう　　　　　2　もの　　　　　3　の　　　　　　4　こと

⑥ A「日本の　冬は　私の　国より　寒いです。」
　　B「そうですか。かぜを　ひかない（　　　　　）して　くださいね。」
　　1　ために　　　　2　ので　　　　　3　から　　　　　4　ように

127ページで　こたえを　かくにん！

得点　　／6

◆ 2日目のこたえ　　　①2　②2　③2　④4　⑤2　⑥1

文法 4日目	Ｖた形＋

ぜんぶ 勉強したことが あるよね！

Ｖた形＋

☐ ～たことがある

～の経験がある
To have done or experienced something.
Đã từng (có kinh nghiệm về việc nào đó)

＜れい＞

・前にも 日本に 来たことが あります。
・まだ 温泉に 入ったことが ありません。

☐ ～たり（～たり）する

いろいろなことを、例を使って話す
Enumerates a non-extensive list of actions.
Chẳng hạn như (đưa ra ví dụ để nói)

＜れい＞

・休みの日は 映画を 見たり スポーツを したり します。
・家に 帰ってからは 料理を 作ったり します。

PLUS

動作のリピートもある
・男の人が 家の 前を 行ったり 来たり しています。

文法　4日目

～たばかり

ちょっと前に～がおわった、～をした
To have just done or finished doing something.
Vừa mới (việc vừa kết thúc ngay trước đó)

＜れい＞
・わたしは　一か月前に　日本へ　来た　ばかりです。
・起きた　ばかり　なので　何も　食べたく　ないです。

AたままB

(Aの後で、やらなければいけないことをしないで)次のBをする
To do B while leaving A in a given state or situation
Làm B trong tình trạng vẫn để nguyên A (sau A, không làm việc bắt buộc phải làm mà làm B)

＜れい＞
・エアコンを　つけたまま　寝て　しまって、かぜを　ひきました。
・友だちに　本を　かりたまま　返して　いません。

～たほうがいい

～することを、相手にアドバイスする
Expresses an advice or recommendation.
Nên (khuyên đối phương làm việc gì đó)

＜れい＞
・大切な　試験の日は　早く　家を　出たほうが　いい。
・健康のために　運動した　ほうが　いいです。

PLUS

「ない形」は「～しないこと」をアドバイスする
・台風が　来ているので　明日は　出かけない　ほうが　いいです。

☐ 〜たらどうですか

そうするのがいいと提案する

Suggests the idea of doing something.

Nếu mà làm…thì sao nhỉ? / Tại sao không làm… nhỉ? (Đề xuất việc nên làm)

＜れい＞

・A「新しい　パソコンが　ほしいんです。」
　B「じゃ　あの　店に　行って　みたら　どうですか。」

PLUS

友だちと話すときはふつう形

・「あの　店に　行って　みたら　どう？」

☐ 〜たらいい

そうするのが一番いいとすすめる

Expresses the best course of action from the speaker's point of view.

Nên (khuyên nên làm việc gì là tốt nhất)

＜れい＞

・パソコンの　ことなら　田中さんに　聞いたら　いいです。

POINT

「〜たほうがいい」→「〜たらどうですか」→「〜たらいい」の順に 直接的になる

・熱が　あったら　病院へ　行ったほうが　いいですよ。
・熱が　あったら　病院へ　行ったら　どうですか。
・熱が　あったら　病院へ　行ったら　いいですよ。

文法　4日目

れんしゅうもんだい

（　　　）に 何を 入れますか。

① つかれていると　テレビを　（　　　　）まま　寝てしまうことが
　あります。
　　1　つけっ　　　2　つけた　　　3　つける　　　4　つけている

② ごはんを　（　　　　）あとで、この　薬を　飲んで　ください。
　　1　食べている　2　食べる　　　3　食べた　　　4　食べない

③ ふじ山に　のぼった　（　　　　）が　三度も　あります。
　　1　こと　　　　2　の　　　　　3　もの　　　　4　よう

④ A「きのうは　何を　してた？」
　B「えーと、家で　DVDを　（　　　　）たり、……。」
　　1　見　　　　　2　見た　　　　3　見る　　　　4　見せ

⑤ A「きのうから　熱が　38度くらい　あるんです。」
　B「じゃ　早く　病院へ　行った　（　　　　）いいですよ。」
　　1　ほうが　　　2　と　　　　　3　まま　　　　4　のが

⑥ A「その　コート　きれいですね。」
　B「ありがとうございます。先週　買った　（　　　　）なんです。」
　　1　ところ　　　2　とき　　　　3　だけ　　　　4　ばかり

131ページで　こたえを　かくにん！

得点　　／6

◆ 3日目のこたえ　　①1　②3　③2　④3　⑤4　⑥4

文法 5日目

ふつう形＋[　　]

まず「ふつう形」を チェックしよう！

N4

ふつう形＋[　　]

☐ **V・イA・ナAな・Nな＋のです（んです）**

理由や 状況を、聞いたり答えたりする
Used to explain a given situation.
Hỏi / trả lời về lý do, tình trạng việc gì, giảm nhẹ câu nói

＜れい＞
・A「スーツを 着て どこへ 行くんですか。」
　B「今日は 大切な めんせつ なんです。」
・明日は 学校を 休みます。国から 母が 来るんです。

POINT
「～んです」よりも「～のです」のほうが、ていねい

☐ **V・イA・ナAな・Nな＋んですが…**

何かをお願いしたり、聞いたりする　前置き
Used as a prelude to a question or a request.
Hỏi/ Nhờ và việc gì đó　Lời mở đầu

＜れい＞
・駅へ 行きたいんですが、どう 行ったら いいですか。
・来月 国から 友だちが 来るんですが、1日 休んでも いいですか。

☐ **～のは…です**

～について、説明したり、強調したりする
Reinforces an explanation or a statement.
Giải thích, nhấn mạnh về việc gì đó

＜れい＞
・わたしが 生まれたのは 小さな 町です。
・山田さんと 会ったのは 先月の はじめです。

～そうだ

見たり聞いたりしたことを、他の人に伝える
Used to convey information received from another source.
Nghe nói là (truyền đạt lại cho người khác việc mình đã nghe hoặc thấy)

＜れい＞

・田中さんに 赤ちゃんが 生まれた そうです。
・母の 話に よると、タイは 毎日 暑い そうです。

～か…か／～か（どうか）

～と…のどちらか（～と…は反対の意味のことば）
Whether something is (…) or not.
A hay là B … / Có… hay không (nếu đưa ra 2 lựa chọn thì thường là từ mang nghĩa trái ngược)

＜れい＞

・こんどの 試合で 勝つか 負けるか だれにも わかりません。
・あの レストランの 料理が おいしいか どうか 食べて みたいです。

> **PLUS**
> 「疑問詞（何、いつ、だれ、どこ…）＋か」もある
> ・夏休みは どこへ 行くか まだ きめて いません。（○）
> ・夏休みは どこへ 行くか どうか きめて いません。（×）

～と言っていました

話し手以外の人が～と言ったことを、他の人につたえる
Used to convey that someone said something.
Đã nói là (truyền đạt lại với người khác về việc ai đó đã nói)

＜れい＞

・母は 来年 日本へ 遊びに 来ると 言って いました。
・リーさんは 来月 国へ 帰ると 言って いました。

～Vところだ

動作のどのタイミングかを強調する

Underlines the timing of a given action.

Đúng lúc / Đúng thời điểm/ Đúng hoàn cảnh (Nhấn mạnh về thời điểm của hành động)

①じしょ形＋ところだ＝ちょうど今から～を始める

To be just about to do something.

Từ bây giờ sẽ bắt đầu làm

＜れい＞

・今から 晩ごはんを 食べる ところです。
・今から 宿題を する ところです。

②ている形＋ところだ＝今、それをしている

To be in the process of doing something.

Bây giờ đang làm

＜れい＞

・今 晩ごはんを 食べている ところです。
・今 宿題を している ところです。

PLUS

「食事中」「電話中」「外出中」と同じ

---

③た形＋ところだ＝～が終わってすぐ。ちょっと前に～をした

To have just finished doing something.

Vừa mới làm xong

＜れい＞

・さっき 晩ごはんを 食べた ところです。
・さっき 宿題が 終わった ところです。

PLUS

「～たところ」はちょっと前のことだけ

・3か月前に 日本に 来た ばかりです。（〇）
・3か月前に 日本に 来た ところです。（×）

| はじめ | とちゅう | おわり |

じしょ形＋ところだ ⟶ ている形＋ところだ ⟶ た形＋ところだ

文法 5日目

れんしゅうもんだい

（　　　）に 何を 入れますか。

① ニュースに よると 来週 大きな 台風が （　　　　） そうです。
　1　来た　　　2　来ている　　　3　来る　　　4　来

② 10キロメートルも 走れるか （　　　　） わかりません。
　1　走るか　　2　走れたか　　3　走ったか　　4　走れないか

③ こんどの 日曜日は 出かけます。友だちの 結婚式が （　　　　）んです。
　1　あった　　2　あり　　　3　あって　　　4　ある

④ A「田中さん いま コピーして もらえる？」
　B「すみません。今から 出かける （　　　　） なんです。」
　1　ところ　　2　もの　　　3　こと　　　4　はず

⑤ A「うれしそうですね。何か あったんですか。」
　B「ええ。N4の 試験に （　　　　）んです。」
　1　受かる　　2　受かって　　3　受かった　　4　受かっている

⑥ A「もうすぐ 夏休み ですね。今年は どうするんですか。」
　B「まだ いつ （　　　　） わからないんです。」
　1　とるかどうか　　2　とるか　　3　とるかとらないか　　4　とったか

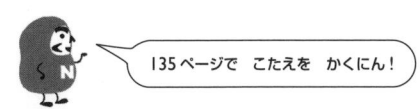

135ページで こたえを かくにん！

得点　　／6

◆ 4日目のこたえ　　①2　②3　③1　④1　⑤1　⑥4

文法 6日目

V・イA・ナA+ ▓▓▓
N+ ▓▓▓

形容詞も 名詞も、かくにんしてね！

N4

Ｉ）V・イA・ナA+ ▓▓▓

☐ **〜すぎる**

レベルや数が、ふつうを超えている　マイナス
To do something / to be beyond the usual level ("too much").　Negative sense
Quá (Mức độ và số lượng quá mức bình thường)　ý tiêu cực

＜れい＞

・昨日　お酒を　飲みすぎて　頭が　いたいです。
・この　バッグが　10万円と　いうのは　高すぎます。

Vます形・イAい・ナA

☐ **〜がります**

話し手ではなく、他の人が「ほしい」「〜たい」という願いや「さびしい」「うれしい」という感情を持っている。
Used to convey the feelings of someone else, or that the person seems to be feeling a certain way.
Có vẻ (không phải tự nói mình mà dùng với ý nói người khác có vẻ muốn ai đó làm cho điều gì hoặc đang có tâm trạng buồn, vui…)

＜れい＞

・わたしが　日本へ　来て、妹は　さびしがって　います。
・母は　世界旅行を　したがって　います。
・子どもは　すぐ　新しい　おもちゃを　ほしがります。

Vます形・イAい・ナA

文法　6日目

～そうだ　　3つの「そうだ」をかくにんしましょう！

①イA<s>い</s>・ナA＋そうだ＝話し手が見た印象
Used by the speaker to express a personal impression.
Trông có vẻ / Có vẻ như (ấn tượng của người nói)

＜れい＞

・あの店の　ケーキは　おいしそう　なので、食べて　みたいです。
・田中さんの　おばあさんは　90歳ですが、とても　元気そうです。

> いい→よさそう、ない→なさそう

②Vます形＋そうだ＝今すぐに何かが起きたり、変化したりすると話し手が思う
Conveys the idea that something or some kind of change is about to occur.
Có vẻ như (Người nói nghĩ là ngay lập tức sẽ có việc gì đó xảy ra hoặc thay đổi…)

＜れい＞

・空が　暗く　なって　きて、雨が　降りそうです。
・あの　家は　とても　古くて、台風が　来たら　たおれそうです。

③Vます形・イA<s>い</s>・ナA＋そうです＝話し手の判断、推量、予想など
Conveys the speaker's impression, judgement or expectation.
Có vẻ như (Phán đoán, suy đoán, dự đoán… của người nói)

＜れい＞

・かのじょとは　いい　友だちに　なれそうです。
・この　野菜は　体に　よさそうです。

> いい→よさそう、ない→なさそう

Ⅱ) N +

☐ （まるで）Nのようだ

何かについて言うとき、近いものや似ているものを使って、わかりやすく説明する。
Used to make a comparison as part of an explanation.
Có vẻ giống như (Khi nói về việc gì đó, để có thể dễ hiểu hơn, người nói dùng một vật hay tính chất tương tự nào đó để giải thích)

＜れい＞

・かのじょは　とても　かわいくて　まるで　人形の　ようです。
・母の　料理は　プロの　料理の　ように　おいしいです。

POINT
「まるで」は、ちょうど〜のようだという強調

☐ Nらしい

本当にNで、だれが見ても、そういう感じがする。
Expresses the idea that someone is like or behaves like N.
Có vẻ (Cho dù là ai đi nữa thì cũng sẽ có cảm nhận thật sự đó là vật/ việc N)

＜れい＞

・妹も　赤ちゃんを　産んで、お母さんらしく　なりました。
・今年の　8月は　とても　暑くて、夏らしい　日が　多かった。

れんしゅうもんだい

（　　　）に 何を 入れますか。

① かのじょは 話し方も 食べ方も ほんとうに 女性（　　　）。
1　すぎる　　　2　らしい　　　3　のようだ　　　4　がる

② ケーキが 大好きで いつも（　　　）すぎて しまいます。
1　食べ　　　2　食べる　　　3　食べて　　　4　食べた

③ この 料理の 本は わかりやすくて、かんたんに（　　　）そうです。
1　できた　　　2　できる　　　3　できて　　　4　でき

④ A「国の ご家族に れんらく していますか。」
　 B「ええ。でも、父も 母も（　　　）がって います。」
1　さびしい　　　2　さびし　　　3　さびしいと　　　4　さびしく

⑤ A「きのうの おまつりは どうでしたか。」
　 B「とても 人が 多くて、ラッシュアワーの 電車（　　　）でした。」
1　よう　　　2　だよう　　　3　なよう　　　4　のよう

⑥ A「台風が 近くに 来て いますね。」
　 B「ええ。あの 木は 細いから 風が 強いと（　　　）そうです。」
1　たおれて　　　2　たおれ　　　3　たおれる　　　4　たおれた

139ページで こたえを かくにん！

得点　　／6

◆ 5日目のこたえ　　①3　②4　③4　④1　⑤3　⑥2

文法 7日目

可能／変化
かのう／へんか

これも マスターできるかな？

N4

Ⅰ）可能 (かのう)　Potential / Khả năng

☐ **Nができる**

①Nの能力(のうりょく)、才能(さいのう)がある
To be capable of doing N.
Có thể (có năng lực, tài năng N)

＜れい＞

・かれは イタリア語と スペイン語が できます。

②Nをする状況(じょうきょう)、条件(じょうけん)がそろっている
Expresses the idea that the conditions or rules make it possible to do N.
Có thể (Đủ điều kiện, trạng thái để làm việc N)

＜れい＞

・ここで 水泳(すいえい)が できます。
・ホテルで 両替(りょうが)えが できます。

☐ **Vじしょ形(けい)＋ことができる**

①Nの能力(のうりょく)、才能(さいのう)がある
To be capable of doing N.
Có thể (Có năng lực, có tài năng N)

＜れい＞

・日本語(にほんご)の 新聞(しんぶん)を 読む ことが できます。

②Nをする状況(じょうきょう)、条件(じょうけん)がそろっている
Expresses the idea that the conditions or rules make it possible to do N.
Có thể (Đủ điều kiện, trạng thái để làm việc N)

＜れい＞

・ここで たばこを すう ことが できます。

文法　7日目

V可能形をチェックしましょう！

☐ **Iグループ　iます→eます**
　会います→会えます（会う→会える）
　書きます→書けます（書く→書ける）
　話します→話せます（話す→話せる）

☐ **IIグループ　ます→られます**
　食べます→食べられます（食べる→食べられる）
　見ます→見られます（見る→見られる）

☐ **IIIグループ**
　きます→こられます（くる→こられる）
　します→できます（する→できる）

＜れい＞
・姉は　英語と　フランス語と　中国語が　話せます。
・かれは　日本料理が　好きで、さしみも　なっとうも　食べられます。
・スポーツは　サッカーも　テニスも　できます。

PLUS

にている動詞に「見えます」と「聞こえます」があります
・私の　部屋から　ふじ山が　きれいに　見えます。
・となりの　家から　ピアノの　音が　聞こえます。

Ⅱ) 変化(へんか) Change / THAY ĐỔI

☐ ～なる

人やものが、前(まえ)とは変(か)わる、違(ちが)う
Expresses change (time, situation, state, etc.).
Trở nên (Người hoặc vật nào đó có sự thay đổi, khác đi so với trước đó)

① イA<s>い</s>+くなる

＜れい＞

・3月に なって、あたたかく なりました。
・日本へ 来てから 友だちも できて、今(いま)は さびしくなく なりました。

② ナA・N+になる

＜れい＞

・かぜを ひきましたが、もう 元気に なりました。
・子どもの とき 学校の 先生に なりたかったです。

PLUS

自分(じぶん)の意志(いし)でするときは、「～くする」「～にする」

・今日(きょう)は 寒(さむ)いので、部屋(へや)を あたたかく します。
・この 魚は とても しんせんですから、さしみに しましょう。
・「何を 飲みますか。」「私(わたし)は オレンジジュースに します。」（決定(けってい)）

☐ Vじしょ形(けい)+ようになる

習慣(しゅうかん)や能力(のうりょく)が変(か)わる
Expresses a change of habit or ability to do something.
Trở nên (Sự thay đổi trong thói quen, năng lực)

＜れい＞

・最近(さいきん) お酒(さけ)が 飲める ように なりました。
・日本の テレビ番組(ばんぐみ)が 少し わかる ように なりました。

PLUS

「～なくなりました」もある

・お金が かかりますから、外で ごはんを 食べなく なりました。

文法 7日目

れんしゅうもんだい

（　　　）に 何を 入れますか。

① 漢字が 多い ですから、日本語の 新聞を （　　　）ことが できません。
　1　読め　　　2　読む　　　3　読んだ　　　4　読んで

② アルバイトが 夜も あるから、朝 なかなか （　　　）ません。
　1　起きる　　2　起け　　　3　起きれ　　　4　起きられ

③ 友だちが あそびに 来ます から、部屋を きれいに （　　　）。
　1　します　　2　なります　　3　できます　　4　ようです

④ A「新しい アパートは どうですか。」
　B「とても いいですよ。部屋から きれいな けしきが （　　　）んです。」
　1　見られた　2　見える　　3　見た　　　　4　見る

⑤ A「田中さん、明日の 8時に （　　　）ますか。」
　B「8時ですか……。はい、わかりました。」
　1　きられ　　2　くられ　　3　こられ　　　4　けられ

⑥ A「きのう おなかが いたいと 言って いましたね。」
　B「ええ。でも、今日は あまり （　　　）なりました。」
　1　いたくないに　2　いたいに　3　いたく　4　いたくなく

143ページで こたえを かくにん！

得点　　／6

◆6日目のこたえ　　①2　②1　③4　④2　⑤4　⑥2

文法 8日目

推量（すいりょう）

ちょっと むずかしい かもしれないよ！

| 推量（すいりょう） | Conjecture, hypothesis
SUY ĐOÁN |

☐ ふつう形＋だろう（と思う）

はっきり断定（だんてい）できないことを、自分（じぶん）で推測（すいそく）する

Expresses a personal supposition without being completely sure.

Hẳn là (Suy đoán một việc nào đó, không thể đưa ra kết luận rõ ràng)

＜れい＞

・あの　2人は　けっこんするだろう。
・仕事（しごと）が　とても　いそがしいですから、旅行（りょこう）は　むりだろうと　思います。

ナAだ・Nだ

PLUS

「ふつう形＋と思う」だけでも自分（じぶん）の意見（いけん）になる

・あしたは　晴（は）れると　思（おも）います。

☐ ふつう形＋かもしれない

その可能性（かのうせい）がある（確率（かくりつ）はいろいろ）

Expresses the possibility of something happening (with a varying degree of uncertainty).

Có lẽ là (Việc nào đó có khả năng xảy ra (không chắc chắn))

＜れい＞

・明日（あした）は　雨が　ふる　かもしれません。
・がんばれば、N4に　ごうかくできる　かもしれません。
・今週（こんしゅう）は　いそがしいですが、来週（らいしゅう）は　ひま　かもしれません。

ナAだ・Nだ

文法　8日目

☐ ふつう形＋はずだ

理由(りゆう)があって、当然(とうぜん)〜だ
Conveys a supposition or expectation based on a particular reason or evidence.
Chắc chắn là (Vì có lý do nên đương nhiên là…)

＜れい＞

・山下(やました)さんは　アメリカに　5年　いたから、英語(えいご)が　話せる　はずです。
・かれは　何も　予定(よてい)が　ないと　言って　いましたから、ひまな　はずです。
・今日(きょう)は　水曜日(ようび)ですから、あの　店(みせ)は　休みの　はずです。

ナAな・Nの

☐ ふつう形＋はずがない

理由(りゆう)があって、その可能性(かのうせい)はほとんどない（ゼロに近(ちか)い）
Conveys the almost complete certainty that something will not happen.
Chắc chắn không (Vì có lý do nên không có khả năng xảy ra)

＜れい＞

・きのうの　テストは　とても　むずかしかったので、100てんを　とれる　はずがない。
・A「さっき、お兄(にい)さんに　似ている　人を　そこで　見ましたよ。」
　B「兄(あに)は　今(いま)　アメリカに　住(す)んで　いますから、いる　はずがないんですが……。」

ナAな・Nの

漢字

語彙

文法

かくにんテスト

141

☐ ふつう形＋ようだ

自分が見たり聞いたりしたことを理由に、考えや感じたことを言う

Expresses a personal impression based on observation or information from another source.

Dường như là…; Nghe nói là… (Nói lên cảm nhận, suy nghĩ về việc gì đó với lý do tự mình đã nghe, đã thấy)

＜れい＞

・いつも　お客さんが　いますね。あの　レストランの　料理は　おいしい　ようですよ。

・あの　人は　お金持ちの　ようで、いつも　いい　服を　着て　いますね。

ナAな・Nの

はっきりしていることではなくてもOK　POINT

☐ ふつう形＋らしい

他の人から聞いたり、見たりしたことから推測する

Conveys the idea that something is likely to happen based on observation or information from another source.

Có vẻ là…; Nghe nói là… (Suy đoán qua việc nghe người khác nói lại về điều đã nghe, đã thấy)

＜れい＞

・山田さんの　話に　よると、森さんは　来月　会社を　やめる　らしいです。

・かれは　わたしと　ぜんぜん　話して　くれない。わたしが　きらい　らしい。

ナAだ・Nだ

☐ ふつう形＋そうだ

人から聞いたりしたことを、他の人に話す　伝聞

Used to convey information received from another source.

Nghe nói… (Nói lại với người khác về điều đã nghe ai đó nói　Tường thuật)

＜れい＞

・ニュースによると、明日は　大雨に　なる　そうです。

・母の　話によると、国の　家族は　みんな　元気だ　そうです。

「Nによると」のNは、情報のもと　POINT

文法　8日目

れんしゅうもんだい

（　　　）に　何を　入れますか。

① かのじょは　10年前に　中学生　だったから、今は　25さい　くらい
　（　　　　　）。
　　1　はずがない　　2　らしい　　3　のはずだ　　4　そうだ

② 部長は　こわい　顔を　して、何か　おこっている　（　　　　　）。
　　1　ようです　　2　はずです　　3　がります　　4　ところです

③ いつも　いっしょ　ですから、あの　二人は　（　　　　　）かもしれません。
　　1　恋人だ　　2　恋人な　　3　恋人の　　4　恋人

④ A「明日の　サッカーの　試合は　（　　　　　）かもしれません。」
　　B「そんな　ことを　言わないで、がんばって　ください。」
　　1　まけられる　　2　まけた　　3　まけている　　4　まける

⑤ A「田中さん、林さんは　どくしん　ですか。」
　　B「いいえ。お子さんの　写真を　持って　いましたから、
　　　けっこん　している　（　　　　　）よ。」
　　1　はずがない　　2　だろう　　3　はずです　　4　らしいです

⑥ A「今日は　とても　暑いですね。」
　　B「でも、夕方から　（　　　　　）らしいです。」
　　1　雨な　　2　雨　　3　雨だ　　4　雨の

147ページで　こたえを　かくにん！

得点　　／6

◆ 7日目のこたえ　　①2　②4　③1　④2　⑤3　⑥4

文法 9日目

意志(いし)

強い気持ちで チャレンジ！ N4

意志(いし)　Will, intention / Ý CHÍ

☐ **Vじしょ形＋つもりだ**

これから先に何かをするという、話し手の予定

Used by the speaker to convey a specific intention.

Dự định… (nói lên dự định của người nói về việc sẽ làm sắp tới)

＜れい＞
- わたしは、来年 会社を やめて 留学する つもりです。
- レポートは 日本文化に ついて 書く つもりです。

> **PLUS**
> 否定は「〜ないつもりだ」
> ・勉強は 好きですが、大学院へ 行かない つもりです。

☐ **Vじしょ形＋ようにする**

話し手が、自分で 注意していたり、習慣にしていること

Used by the speaker to express the intention of doing something with particular care or attention.

Cố gắng… (Người nói tự lưu ý với bản thân hoặc nói về thói quen đang thực hiện)

＜れい＞
- 健康の ために 水を 一日 1リットル 飲む ように しています。
- 会社は 9時から ですが、15分前に 着く ように しています。

> **PLUS**
> 否定は「〜ないようにする」（3日目でかくにん）

文法　9日目

☐ Vじしょ形＋ことにする

話し手の意志で、何かを決める
Used by the speaker to convey a personal decision.
Quyết định (Ý chí, quyết định sẽ làm gì của người nói)

＜れい＞
・夏休みは　フランスへ　あそびに　行く　ことに　しました。
・体に　悪い　ですから、たばこを　やめる　ことに　しました。

PLUS
否定は「～ないことにする」
・あまい　ものを　あまり　食べない　ことに　しています。

POINT
自分の意志ではないときは「～ことになる」
・来月から　ニューヨーク支店へ　行く　ことに　なりました。

V意向形をチェックしましょう！

☐ Ⅰグループ　iます → oう
会います　→　会おう
あそびます　→　あそぼう
飲みます　→　飲もう

☐ Ⅱグループ　ます → よう
起きます　→　起きよう
食べます　→　食べよう
見ます　→　見よう

☐ Ⅲグループ
きます　→　こよう
します　→　しよう
旅行します　→　旅行しよう

- [ ] **Vいこう形**

  自分の意志を、日記に書いたり、思ったりする
  Used to stress to oneself the intention of doing something (self-encouragement).
  Định (Nghĩa là sẽ làm việc gì đó hoặc viết nhật ký về ý chí của bản thân)

  ＜れい＞
  ・試験まで 毎日 がんばろう。
  ・明日 かのじょに 「好きだ」と 言おう。

- [ ] **Vいこう形＋と思います**

  これから何かをするという話し手の予定など
  Used by the speaker to convey the intention of doing something.
  Có ý định / Nghĩ rằng… (Dự định của người nói về việc sắp tới sẽ làm)

  ＜れい＞
  ・明日の 夜は 友だちと お酒を 飲もうと 思います。
  ・週末は 家で ゆっくり 休もうと 思います。

  > **PLUS**
  > 前から（今まで）のときは「～（よ）うと思っています」
  > ・来年の 春 けっこん しようと 思って います。

- [ ] **Vいこう形＋とします**

  何かをする意志がある。何かをはじめるちょっと前だ
  Used to convey the intention of doing, or that one is about to do, something.
  Định sẽ… (Có ý chí sẽ làm việc gì đó. Vừa bắt đầu việc gì đó thì…)

  ＜れい＞
  ・弟は 医者に なろうとして、がんばって 勉強して います。
  ・晩ごはんを 食べようと したときに、母から 電話が きました。

文法　9日目

れんしゅうもんだい

（　　　）に 何を 入れますか。

①わたしは 行きたく ないが、来月から 海外に しゅっちょうする
（　　　　）。
1 ことにした　2 つもりだ　3 ようになる　4 ことになった

②しょうらい 自分の 会社を （　　　　）と 思っています。
1 作ろう　2 作る　3 作って　4 作った

③肉も 好き ですが、野菜も たくさん 食べる （　　　　）しています。
1 ことを　2 ように　3 つもりと　4 ものと

④A「大学を そつぎょうしたら、どう するんですか。」
B「国へ 帰って、（　　　　）ことに しました。」
1 働く　2 働こう　3 働いた　4 働き

⑤A「お正月は どこか 行きますか。」
B「いいえ。近くで 友だちに 会おう （　　　　）。」
1 としています　2 ように します
3 と 思っています　4 ことに なりました

⑥A「先生、今日は 遅れて どうも すみませんでした。」
B「明日からは （　　　　）くださいね。」
1 おくれようと しないで　2 おくれない ように して
3 おくれるように しないで　4 おくれない ことに して

151ページで こたえを かくにん！

得点　／6

◆8日目のこたえ　①3　②1　③4　④4　⑤3　⑥2

文法 10日目

理由／目的

N4に ごうかくする ために！

Ⅰ) 理由　Reason / Lý do

☐ **Ｖて形・イAくて・ナAで**

それが原因、理由
Expresses a reason or cause.
Vì / Do... (Điều gì đó là nguyên nhân, lý do)

＜れい＞

・かぜを ひいて、あまり ごはんが 食べられません。
・今日は 国の 友だちに 会えて、とても 楽しい 一日でした。

POINT
うしろには、心や体の状態がくることが多い

☐ **ふつう形＋ので**

自分の個人的な理由を言う
Expresses a personal reason.
Bởi vì... (Nói về lý do có tính cá nhân)

＜れい＞

・教室が 暑いので、窓を 開けて ください。
・明日 国から 姉が 来るので、学校を 休んでも いいですか。

ナAな・Nな

POINT
「～からです」はあるが、「～のでです」はない
・かぜを ひいたのは、寒かったのでです。(×)
・かぜを ひいたのは 寒かったからです。(○)

文法 10日目

☐ **ふつう形＋し、（ふつう形＋し）**

2つ以上の理由がある
Expresses several reasons.
Vì (Có nhiều hơn 2 lý do)

＜れい＞

・日曜日だし、天気もいいし、友だちと　海へ　行こうと　思います。
・この　会社は　有名だし、お給料も　いいし、ぜひ　入りたいと　思っています。
・田中さんは　英語もできるし、フランス語もできるし、すごい　人です。

☐ **ふつう形＋ために**

～が原因で、ふつうではない結果になった
Expresses a cause that resulted in an unusual consequence.
Vì lý do (Vì nguyên nhân nào đó nên kết quả không như thường lệ đã xảy ra)

＜れい＞

・問題が　むずかしかった　ために、あまり　いい　点が　とれませんでした。
・かのじょに　ひみつを　話した　ために、みんなに　知られて　しまいました。
・地震の　ために、家に　帰れない　人も　たくさん　いました。

> ナAな・Nの

II) 目的 (もくてき) Purpose / Mục đích

☐ **Vじしょ形＋ために**

目的をはっきり言う（「ために」の前は、意志のある動詞）
In order to do something (in connection with a voluntary action or purpose).
Nhằm / Vì / Để... (Nêu rõ mục đích (Trước 「ために」 là động từ thể hiện ý chí))

＜れい＞

・アニメの 仕事を するために 日本に 留学しています。
・家を 買う ために ちょきんして います。

> **PLUS**
> 「N＋の」もあり
> ・けっこんの ために 日本へ 来ました。

☐ **Vじしょ形＋ように**

Vは可能動詞、無意志動詞
In order to do something (in connection with something outside one's control or will).
Để (V là động từ chỉ khả năng, động từ không thể hiện ý chí)

＜れい＞

・日本語が じょうずに なる ように 毎日 勉強します。
・おきゅうりょうが 上がって、車が 買える ように なりました。

> **PLUS**
> 否定は「～ないように」
> ・大切な テストの 前は、かぜを ひかない ように しましょう。

☐ **Vじしょ形＋のに**

どんなときに使うか、便利か、どれくらいかかるか
In order to.
Để cho / Dùng để (Sử dụng khi nào, tiện lợi khi nào, mất khoảng bao nhiêu thời gian)

＜れい＞

・この ナイフは くだものを 切るのに 便利です。
・学校へ 行くのに 電車で 1時間以上 かかります。

文法　10日目

れんしゅうもんだい

（　　　）に 何を 入れますか。

① けさは 台風（　　　） 電車が 1時間も 遅れました。
　1　のために　　2　だし　　3　ので　　4　のに

② 友だちとの やくそくを わすれない（　　　） メモして おきます。
　1　のに　　2　ように　　3　ために　　4　ので

③ アルバイトを （　　　）、毎日 とても いそがしいです。
　1　はじめたのに　　　　2　はじめた からに
　3　はじめた ように　　4　はじめて

④ A「これは 何ですか。」
　B「ああ、これは 野菜を 細かく 切る （　　　） 使う ものですよ。」
　1　ので　　2　にも　　3　のに　　4　ように

⑤ A「どうして きのう 学校を 休んだんですか。」
　B「ねつが 38度も （　　　）。」
　1　あった ですから　　　　2　あった からです
　3　あった のでです　　　　4　あった ですので

⑥ A「日本の 生活は どうですか。」
　B「友だちも （　　　）し、勉強も おもしろいし、ほんとうに 楽しいです。」
　1　できた　　2　できよう　　3　できたい　　4　できて

155ページで こたえを かくにん！

得点　　／6

◆ 9日目のこたえ　　①4　②1　③2　④1　⑤3　⑥2

文法 11日目

比較
命令・禁止
めいれい・きんし

> これも わすれるな！ がんばれ！

N4

Ⅰ) 比較（ひかく） Comparison / So sánh

☐ AとB（と）、どちらが〜

２つのものを出して、くらべる

Used to compare or choose between A and B.
Vật nào / Cái nào… (Đưa ra 2 vật để so sánh)

＜れい＞

・犬と ねこ（と）、どちらが 好きですか。
・コーヒーと 紅茶（こうちゃ）、どちらに なさいますか。

☐ AよりBのほうが〜

AとBをくらべて、BがAより〜だ

Expresses a preference for B rather than A.
B thì… hơn A (So sánh A và B, B thì… hơn A)

＜れい＞

・このパソコンより あのパソコンの ほうが いいと思（おも）います。
・赤（あか）より 黄色（きいろ）の ほうが あなたに 合（あ）います。

☐ AはBより〜

AとBをくらべて、AがBより〜だ

A more than B.
A thì…hơn B (So sánh A và B, A thì… hơn B)

＜れい＞

・家族（かぞく）は お金より 大切（たいせつ）です。
・この スーパーは 駅前（えきまえ）の スーパーより ずっと 安いです。

□ AはBほど〜ない

AとBをくらべて、（大きな違いはないが）Aのほうが〜ではない

A not to the point of, or not as much as, B.

A thì không… bằng B (So sánh A và B, sai khác không đáng kể nhưng B thì… hơn)

＜れい＞

- 私の国は 日本ほど 物価が 高くない。
- 今日の テストは 先週の テストほど むずかしくなかったです。

II）命令・禁止　Orders / Prohibition / Mệnh lệnh / Cấm đoán

V命令形をチェックしましょう！

□ Iグループ　iます → e

行きます → 行け

読みます → 読め

止まります → 止まれ

□ IIグループ　ます → ろ

起きます → 起きろ

食べます → 食べろ

見ます → 見ろ

□ IIIグループ

きます→こい

します→しろ

＜れい＞

- がんばれ！（スポーツの応援など）
- 先生に しっかり 勉強しろと いつも 言われています。

☐ Ｖます形＋なさい

めいれい形より、こちらを使う

Expresses an order (more softly than the standard imperative form).
Hãy... (Dùng như thể mệnh lệnh)

＜れい＞

・早く起きなさい。
・野菜を たくさん 食べなさい。

POINT
親から子、教師から学生などに使う
ふつう、めいれい形だけでは使わない

PLUS
きんし形は「Ｖじしょ形＋な」（会話より、書きことばで使う）
・ここに 自転車を 止めるな。

☐ Ｖじしょ形＋ように言う

間接的な指示、命令

Expresses an indirect request, order or expectation.
Hãy nói / Hãy khuyên ... (Mệnh lệnh, chỉ thị có tính chất gián tiếp)

＜れい＞

・父に 夏休みは 国に 帰る ように 言われて います。
・田中さんに 明日 早く 会社に 来る ように 言ってください。

PLUS
否定は「ない形＋ように」
・先生、明日の テストに 遅れない ように 学生に 言って ください。

文法 11日目

れんしゅうもんだい

( ) に 何を 入れますか。

① 日本語は 発音と 漢字、( ) むずかしいですか。
　1　ほど　　　　2　どちらが　　　3　より　　　　4　のほうが

② サッカーの 試合を 見に 行って、「( )」と 大きい 声を 出した。
　1　がんばれ　　2　がんばり　　　3　がんばっている　　4　がんばる

③ 姉より わたし ( ) 料理が じょうずです。
　1　ほど　　　　2　のどちらが　　3　のほうが　　　4　どちらも

④ 子「また テストの 点が 下がっちゃった。」
　母「それじゃ、だめでしょう。アルバイトを 少し ( )。」
　1　へらすな　　2　へらせ　　　　3　へらしなさい　　4　へらした

⑤ A「お母さんと 電話で 話して いますか。」
　B「ええ。母は いつも 体に 気を ( ) と 言って います。」
　1　つける　　　2　つけろ　　　　3　つけるな　　　4　つけたい

⑥ A「東京の 冬は 寒いでしょう？」
　B「いいえ。私の 国ほど ( ) よ。」
　1　寒いです　　　　　　　　　2　あたたかいです
　3　あたたかくないです　　　　4　寒くないです

159ページで こたえを かくにん！

得点　／6

◆ 10日目のこたえ　　　①1　②2　③4　④3　⑤2　⑥1

文法 12日目 使役形／受身形／使役受身形 N4

まちがえやすいから、気をつけて！

使役形 Causative / Thể sai khiến

V使役形をチェックしましょう！

☐ Ⅰグループ　iます→aせます

　書きます → 書かせます（書く → 書かせる）
　読みます → 読ませます（読む → 読ませる）

☐ Ⅱグループ　ます→させます

　食べます → 食べさせます（食べる → 食べさせる）

☐ Ⅲグループ

　きます → こさせます（くる → こさせる）
　します → させます（する → させる）

<れい>

・子どもは ゲームを していましたが、買い物に 行かせました。（強制）
・勉強したいと 言うので、むすめを 留学させました。（許可）
・かれは つめたい ことばで かのじょを 泣かせました。（間接）

POINT

目上の人 → 下の人

PLUS

目上の人に許可をもらうときは「(さ)せていただけませんか」
・病院へ 行きたいので、今日は 早く 帰らせて いただけませんか。

文法　12日目

受身形 (うけみけい) Passive / Thể bị động

V受身形をチェックしましょう！

☐ **Iグループ　iます→aれます**

聞きます　→　聞かれます（聞く　→　聞かれる）

しかります　→　しかられます（しかる　→　しかられる）

POINT
～います　→　～われます（言います　→　言われます）

☐ **IIグループ　ます→られます**

見ます　→　見られます（見る　→　見られる）

ほめます　→　ほめられます（ほめる　→　ほめられる）

☐ **IIIグループ**

きます　→　こられます（くる　→　こられる）

します　→　されます（する　→　される）

＜れい＞

・けっこん式に　しょうたい　されました。（直接）

・弟に　高い　時計を　こわされました。（持ち主）

・テストの　勉強を　しているときに　友だちに　遊びに　こられました。（迷惑）

・この　作家の　本は　世界中で　読まれて　います。（特別な形）

使役受身形 (しえきうけみけい)
Causative-passive
Thể bị động sai khiến

V使役受身形をチェックしましょう！

自分はやりたくない。でも、他の人に言われてしかたなくするときに「使役受身形」を使います。

The causative-passive form expresses the idea of being forced to do something against one's will.

Tự mình không muốn làm. Tuy nhiên, không còn cách nào khác phải làm khi bị ai đó nói thì dùng thể bị động sai khiến.

☐ **Ⅰグループ**　　iます→a されます、iます→a せられます

行きます　→　行かされます・行かせられます（行かされる・行かせられる）

飲みます　→　飲まされます・飲ませられます（飲まされる・飲ませられる）

POINT
① 「～せられる」より「～される」のほうをよく使う。
② 「話します」など「～します」のVは「～される」の形は使わない。

☐ **Ⅱグループ**　　ます→させられます

食べます　→　食べさせられます（食べさせられる）

☐ **Ⅲグループ**

されます（される）　→　させられます（させられる）

＜れい＞

・カフェで　30分も　待たされました。

・カラオケは　好きじゃ　ありませんが、友だちに　歌わされました。

文法 12日目

──── れんしゅうもんだい ────

（　　　）に 何を 入れますか。

① 夜 となりの 部屋の 大きな 音で（　　　）ました。
　1 おこられ　　2 おこされ　　3 おこし　　4 おきられ

② 国から 姉が 来ますから、明日は（　　　）いただけませんか。
　1 休んで　　2 休ませられて　　3 休ませて　　4 休まれて

③ あの 映画は とても いい話で、たくさんの 人たちが（　　　）ました。
　1 泣かられ　　2 泣かれ　　3 泣かされ　　4 泣かせ

④ A「これは とても いい本ですから ぜひ 読んで ください。」
　B「ああ。これは 世界中で（　　　）ね。
　　私も 読みたかったんです。」
　1 読まれて います　　2 読まされて います
　3 読められて います　　4 読ませて います

⑤ A「きのうの パーティーは どうでしたか。」
　B「あまり 好きではない お酒を いろいろ（　　　）ました。」
　1 飲ませ　　2 飲められ　　3 飲まれ　　4 飲まされ

⑥ A「どうしたんですか。うれしそうですね。」
　B「きのう 100点を とって、はじめて 母に（　　　）んです。」
　1 ほめられた　　2 ほめた　　3 ほめさせた　　4 ほめさせられた

163ページで こたえを かくにん！

得点　　／6

◆ 11日目のこたえ　　①2　②1　③3　④3　⑤2　⑥4

159

文法 13日目

条件(じょうけん)

ここまで できたら、もう だいじょうぶ！

条件(じょうけん) Conditions / ĐIỀU KIỆN

☐ ふつう形(けい)＋と、…

～のとき、自然(しぜん)に…になる
When, in connection with a natural occurrence.
Khi … thì … (Khi … thì tự nhiên sẽ …)

＜れい＞
- この町は 4月に なると、さくらが とても きれいに さきます。
- ここを まっすぐ 行くと、右に 銀行(ぎんこう)が あります。
- この ボタンを おさないと、おつりが 出て きません。

> **POINT**
> …には話し手の意志(いし)や依頼(いらい)は×
> ・ここを まっすぐ 行くと、右に まがって ください。(×)

☐ ～たら、…

～の条件(じょうけん)がOKなら、…
If something occurs.
Nếu … thì … (Nếu điều kiện… ổn thì …)

> **POINT**
> …には話し手の
> 意志(いし)、依頼(らい)などもOK

＜れい＞
- 明日(あした) 雨が 降(ふ)ったら、どこへも 出かけません。
- 寒(さむ)かったら、窓(まど)を 閉(し)めても いいですよ。

> **PLUS**
> 「～が完了(かんりょう)したら…」もある
> ・田中(たなか)さんが 来たら、「お誕生日(たんじょうび) おめでとう」と 言いましょう。

「～」には、これを使いましょう

V	行ったら／あったら	行かなかったら／なかったら
イA	安かったら／（いい→）よかったら	安くなかったら／よくなかったら
ナA	ひまだったら	ひまじゃなかったら
N	雨だったら	雨じゃなかったら

文法 13日目

☐ **〜ても（でも）…**

〜のとき当然なる結果にならないで……
Even if / even when.
Cho dù…thì… (Khi…thì kết quả tất yếu sẽ không xảy ra)

＜れい＞

・お金が なくても 毎日 楽しいです。
・漢字は むずかしくて、何回 書いても わすれて しまいます。
・この じしょは 仕事に ひつようなので、高くても 買います。

[Vて形・イAいく・ナAだ]　[いい→よくても]

☐ **ふつう形＋のに…**

〜は本当だが…。話し手の残念な気持ち、不満など。
Even though, with a sense of regret or disappointment.
Mặc dù…nhưng mà… (Cảm giác tiếc nuối, bất mãn…của người nói)

＜れい＞

・妹に 服を 貸したのに、まだ 返して くれません。
・たくさん アルバイトを しているのに、お金が ありません。

[ナAな・Nな]

```
「〜のに」で終わることもある        PLUS
・がんばって 勉強したのに。
```


☐ **ふつう形＋ばあいは…**

〜という特別な時は、…をする（してほしい）
In case something happens (followed by a specific instruction or expectation).
Trong trường hợp…thì... (Trong trường hợp đặc biệt thì sẽ… ;hoặc muốn ai đó làm gì cho mình)

＜れい＞

・パスポートを なくした 場合は、すぐ 大使館に れんらくして ください。
・体の ちょうしが 悪い 場合は、休んでも いいですよ。

[Vじしょ形・た形・ない形ない・ナAな・Nの]

161

■ Vば形をチェックしましょう！

☐ Ⅰグループ　　iます→eば

会います　→　会えば
行きます　→　行けば
あります　→　あれば

☐ Ⅱグループ　　ます→れば

食べます　→　食べれば
見ます　→　見れば

☐ Ⅲグループ

きます　→　くれば
します　→　すれば

・お金が　あれば、東京に　マンションを　買いたいです。
・明日　天気が　よければ、お花見に　行きましょう。

| V・イAければ | いい→よければ |

> **PLUS**
> 否定は「〜なければ」
> ・たくさん　勉強しなければ　漢字は　おぼえられません。

☐ 〜なら…

〜ということばを聞いて、相手にアドバイスや意志を伝える

If, in connection with information received from the person one is speaking to (for example "if you're looking for...").

Nếu mà... thì... (Truyền đạt ý chí hoặc lời khuyên cho đối phương)

＜れい＞
・A「日本語の　テキストを　買いたいんですが。」
　B「日本語の　テキストなら、駅前の　本屋が　いいですよ。」

| ナA・N |

文法　13日目

れんしゅうもんだい

（　　　）に　何を　入れますか。

① 朝ごはんを　（　　　　　）、体に　よくないです。
　1　食べなくても　　2　食べないのに　　3　食べないと　　4　食べないなら

② 今　仕事が　いそがしいですから、休みの日（　　　　　）働いています。
　1　たら　　　　2　でも　　　　3　のに　　　　4　なら

③ ここに　お金を　入れて　ボタンを　おすと、おいしい　コーヒー
　（　　　　　）。
　1　が　出て　きます　　　　2　を　飲んで　ください
　3　が　飲みたいです　　　　4　を　買って　ください

④ A「きのうの　試験は　どう　でしたか。」
　B「たくさん　（　　　　　）、ぜんぜん　だめ　でした。」
　1　勉強すると　　2　勉強するなら　　3　勉強したら　　4　勉強したのに

⑤ A「おいしい　ケーキを　食べたいんですが。」
　B「ケーキ　（　　　　）、とても　いい　店を　知って　いますよ。」
　1　でも　　　　2　なら　　　　3　たら　　　　4　だと

⑥ A「部長。こちらの　コピーの　つぎは　何を　しましょうか。」
　B「それが　（　　　　　）、今日は　帰っても　いいよ。」
　1　終わるなら　　2　終われば　　3　終わったら　　4　終わると

167ページで　こたえを　かくにん！

得点　　／6

◆ 12日目のこたえ　　　①2　②3　③3　④1　⑤4　⑥1

文法 14日目 あげる・もらう・くれる

Giving & receiving
Cho・Nhận・Cho

大切なこと、教えて あげるよ！

Ｉ）Nをあげる・もらう・くれる

☐ （Aが）BにNをあげる＝A → B

<れい>

・兄は 恋人に ゆびわを あげました。

POINT
Bには、私や私に近い人は×
・恋人は 私に ゆびわを あげました。（×）

☐ （Aが）BにNをさしあげます＝A → B

<れい>

・山川先生に タイの おみやげを さしあげました。

POINT
BはAの目上の人、または客など

☐ （Aが）BにNをやる＝A → B

<れい>

・この 花は 毎日 水を やらなくても いいです。

POINT
Bは子ども、弟、妹、動物、植物など

☐ 人にNをもらう＝他の人 → 私（私に近い人）

Someone else → myself (or someone close to me)
Nhận vật gì từ ai đó

<れい>

・友だちに クリスマスプレゼントを もらいました。

文法　14日目

☐ 人にNをいただく＝目上の人 → 私（私に近い人）

Someone senior → myself (or someone close to me)
Dùng trong trường hợp người cho là người lớn tuổi hơn/ người cấp trên..

＜れい＞

・部長に　けっこんいわいを　いただきました。

> 「人に」「人から」どちらでもいいが、会社などは「会社から」　**POINT**

☐ 人がNをくれる＝人 → 私（私に近い人）

Someone → myself (or someone close to me)
Nhận được từ người khác (hoặc là người gần với mình)

＜れい＞

・A「あたたかそうな　手ぶくろですね。」
　B「ええ。クリスマスに　友だちが　くれたんですよ。」

☐ 人がNをくださる＝人 → 私（または私に近い人）

Someone → myself (or someone close to me)
Nhận được từ người khác (hoặc là người gần với mình); dùng với người lớn tuổi hơn, cấp trên...

＜れい＞

・大学の　先生が　よく　メールを　くださいます。

> 目上の人から私に　**POINT**

Ⅱ）Vて形＋あげる・もらう・くれる

他の人に親切で何かをする

Doing something for someone else out of kindness or as a favor.
Làm gì cho ai đó một cách tử tế

☐ 〜てあげる

・田中さんの　英語の　レポートを　手つだって　あげました。

> 相手に直接言うときは、使わないほうがいい　**POINT**

- ☐ **〜てさしあげる**
  - 先生に けっこんの おいわいを 送って さしあげようと 思って います。

    目上の人に　　POINT✎

- ☐ **〜てやる**
  - 弟は 勉強が 好きじゃないので、私が 教えて やりました。

    子ども、動物、植物などに　　POINT✎

- ☐ **（人に）〜てもらう**
  - 友だちに 英語の 本を 貸して もらいました。

- ☐ **（人に）〜ていただく**
  - 先生の むすめさんに 東京を 案内して いただきました。

    人は目上の人　　POINT✎

- ☐ **（人が）〜てくれる**
  - 子どもの とき、父は 私に 日本語を 教えて くれました。
  - 母は いつも おいしい 料理を 作って くれます。

- ☐ **（人が）〜てくださる**
  - A「アルバイトは どうですか。」
  - B「とても 楽しいです。店長が 親切に して くださいますから。」

POINT✎
- ☐ （人に）〜てもらう
- ☐ （人に）〜ていただく
- ☐ （人が）〜てくれる
- ☐ （人が）〜てくださる

相手の気持ちが「とてもうれしい」と思ったときの表現

文法 14日目

れんしゅうもんだい

（　　　）に 何を 入れますか。

① きのう かさを 持って いなくて、友だちに かして （　　　）。
　1　くれました　　2　もらいました　　3　あげました　　4　やりました

② 卒業の 時、田中先生は おいわいの メッセージを （　　　）。
　1　あげました　　2　くれました　　3　もらいました　　4　くださいました

③ 石川先生に 私の 国の 料理を 作って （　　　） たいです。
　1　さしあげ　　2　やり　　3　あげ　　4　くれ

④ A「京都の 写真が たくさん ありますね。」
　B「ええ。小林先生に 見せて （　　　） から 好きに なりました。」
　1　くださって　　2　やって　　3　いただいて　　4　あげられて

⑤ A「きれいな 花 ですね。どうやって そだてて いるんですか。」
　B「やさしい 気持ちで 水を （　　　） いるのが いいのかも しれませんね。」
　1　もらって　　2　くれて　　3　さしあげて　　4　やって

⑥ A「山田さん、日本語で 作文を 書いたんだけど、見て （　　　）？」
　B「うん、いいよ。どれ？」
　1　いただく　　2　くれる　　3　もらう　　4　あげる

171ページで こたえを かくにん！

得点　／6

◆ 13日目のこたえ　　①3　②2　③1　④4　⑤2　⑥3

文法 15日目

助詞(じょし)

もう一度、たしかめて みよう！

| 助詞(じょし) | Particles / Trợ từ |

□ Nで

①場所(ばしょ)

Marks the place where a specific action occurs.
Nơi chốn

＜れい＞・大学で 日本語を 勉強しました。

②手段(しゅだん)、材料(ざいりょう)など

Indicates the means ("with") or composition ("made of").
Phương pháp; Vật liệu

＜れい＞・この 服は 紙で できています。

③原因(げんいん)・理由(りゆう)

Expresses a cause or reason.
Nguyên nhân; Lý do

＜れい＞・大雨で 電車が 止まって しまいました。

④かかるお金、時間

Expresses the cost of something in terms of money or time.
Tiền bạc; Thời gian phải bỏ ra

＜れい＞・うちから 学校まで 30分で 行けます。

□ 〜に

①それがある場所(ばしょ)

Marks the location of something.
Nơi nào đó

＜れい＞・買った ばかりの かさを 電車に わすれました。

②帰着点(きちゃくてん)

In or on (point of destination of a given action).
Điểm quy tụ

＜れい＞・こちらに 座って ください。
・日本の 大学に 入りたいです。

文法　15 日目

☐ ～を

①通過
Expresses the idea of passing through a place or location.
Vượt qua, đi qua

＜れい＞・天気が　いいので、公園を　散歩しましょう。

②起点
Point of origin of a given action.
Nơi chốn xuất phát, ra khỏi nơi nào đó

＜れい＞・つぎの　駅で　電車を　降ります。

☐ (数) も

数が多いことを強調
Emphasizes a number ("as much as X").
Nhấn mạnh về số lượng nhiều

＜れい＞・この　バッグは　15万円も　しました。
　　　　・きのうは　ワインを　3本も　飲んで　しまいました。

☐ ～しか…ない

とても少ないことを強調
Emphasizes a limited number ("only X").
Nhấn mạnh về số lượng ít ỏi

＜れい＞・今日は　1,000円しか　持って　いません。
　　　　・いそがしくて　3時間しか　寝て　いません。

> **PLUS**
> 「だけ～」も少ない意味だが、文末は肯定
> ・今日は　1,000円だけ　持っています。

☐ ～というN

よく知らない人やものなどを言うとき
Expresses the idea that one is not very familiar with a given place or person.
Khi nói về vật hoặc người nào đó chưa biết rõ

＜れい＞・ベトナムの　ホイアンという　まちに　行って　みたいです。
　　　　・さっき　長谷川さんという　方から　お電話が　ありました。

169

☐ 〜まで…

…がずっと続いて〜に終わる、動作や状態が終わる
Until.
Liên tục tiếp diễn và kết thúc

<れい> ・晩ごはんを 食べて 12時まで 勉強しました。

・大学を 出るまで 日本に います。

☐ 〜までに

期限
Expresses a time limit or deadline.
Thời hạn

<れい> ・レポートは 明日までに 出して ください。

・今は 日本で 働いて いますが、30歳までに 国へ 帰るつもりです。

☐ ふつう形＋とか

たとえば〜
For example, such as A or B (usually as part of a list).
Ví dụ như là …

<れい> ・日本で すもうを 見たいとか スカイツリーに 行きたいとか、何か

　　　　　したいことは ありますか。

・休みの日は テニスとか 水泳とか スポーツを しています。

ナA（だ）・N（だ）

☐ 疑問詞＋か

はっきりわからないこと
Connected with an interrogative word: some[where], some[time], some[one], etc.
Sự việc không rõ

<れい> ・夏休みは どこか 海外へ 行く つもりです。

・ボーナスは いくらか 増えると 思います。

・チンさんに だれか 好きな 人が できたようです。

☐ 疑問詞＋でも

ぜんぶ
Connected with an interrogative word: any[where], any[time], any[one], etc.
Tất cả

<れい> ・ひまですから、遊びに 行くのは いつでも いいです。

・A「リーさん、きらいな 食べ物は ありますか。」

　　　　　　B「いいえ。何でも 食べられます。」

文法 15日目

れんしゅうもんだい

（　　　）に 何を 入れますか。

① 田中さんは アニメが 好きで、アニメの ことは （　　　　　）知っています。
1　何でも　　　2　何も　　　3　何か　　　4　何を

② その レストランは 駅から 歩いて 3分（　　　　　）行けます。
1　だけ　　　2　にも　　　3　で　　　4　も

③ わたしが 生まれた のは「山中」（　　　　　）小さい 町です。
1　といった　　　2　なんか　　　3　とか　　　4　という

④ 先生「今日は どうして 遅れた んですか。」
　 学生「信号の トラブル（　　　　　）、電車が 遅れたんです。」
1　が　　　2　に　　　3　で　　　4　を

⑤ A「さいふを わすれたんだけど、ちょっと お金 かして。」
　 B「ごめん。ぼくも 今日は 1,000円（　　　　　）ないんだ。」
1　しか　　　2　だけ　　　3　は　　　4　が

⑥ A「先生、レポートの 宿題は いつまで ですか。」
　 B「ああ、あれは 金よう日（　　　　　）出して ください。」
1　まで　　　2　までに　　　3　でも　　　4　とか

173ページで こたえを かくにん！

得点　／6

◆ 14日目のこたえ　　①2　②4　③1　④3　⑤4　⑥2

文法

他にも、おぼえておきたい表現

Other useful expressions
Ngoài ra là các hình thức mà bạn muốn nhớ

N4

☐ Nがする

そこに何かがあって、感覚で感じる
Expresses something one can sense (for example, a sound).
Cảm giác là có điều gì đó

＜れい＞
・家の 外で 大きな 音が しました。
・キッチンから カレーの いい においが して きます。

> **POINT**
> Nは音、声、味、におい、感じなど

☐ V＋の／V＋こと

動詞の名詞化。文の中で、動詞を名詞にする
Turns a verb into a substantive.
Danh từ hoá động từ. Chuyển động từ thành danh từ trong câu.

＜れい＞
・わたしは 本を 読むのが／読むことが 好きです。
・漢字を おぼえるのは／おぼえることは とても むずかしいです。

> **POINT**
> 「～ことがある」「～は…ことだ」「～ことができる」などは「～の」は使えない
> ・わたしの しゅみは 本を 読むのだ。(×) → 読む ことだ。(○)

☐ ～さ

形容詞の名詞化　イA＝～さ、ナA＝～さ
Turns an adjective into a substantive.
Danh từ hoá tính từ

> **POINT**
> イAが多い

大きい → 大きさ	・荷物の 大きさを はかりましょう。	
長い → 長さ	・ヘアスタイルは 同じですが、長さを 変えました。	
やさしい → やさしさ	・家族の やさしさを 強く 感じます。	
うれしい → うれしさ	・試験に 受かった うれしさは ことばに できません。	
しずか → しずかさ	・家の まわりの しずかさが とても 好きです。	

文法

□ ～ちゃ（じゃ）

「～てしまう」「～てはいけない」の会話表現

Colloquial form of てしまう (as in 忘れちゃった) or てはいけない (as in 忘れちゃいけない).
Dùng trong văn nói với ý "lỡ.." hoặc "không được"

＜れい＞

・学校に　テキストを　わすれちゃった。
・二十歳に　なるまでは　お酒を　飲んじゃ　いけません。

POINT
～てしまう（でしまう）→～ちゃう（じゃう）
～ては（では）いけない→～ちゃ（じゃ）いけない

□ ふつう形＋の？

「～ん（の）ですか」の会話表現

Colloquial way of asking a question.
Dùng trong văn nói nhằm làm nhẹ câu

＜れい＞

・スーツを　着て　どこへ　行くの？
・きのうの　テストは　何点だったの？

ナA・N＝～なの？

POINT
相手は友だち、家族、子どもなど

□ N＋ばかりだ

～だけで、他はない。話し手の不満など

Expresses the idea that there is "nothing but" something, with a sense of disappointment.
Toàn là ... (Diễn tả ý bất mãn của người nói)

＜れい＞

・この　店の　商品は　高い　もの　ばかりで、買えません。
・今日の　コンサートは　男の人　ばかりでした。

PLUS
「Vて形＋ばかりいる」もある
・弟は　大学生なのに、あそんで　ばかり　います。

◆ 15日目のこたえ　　①1　②3　③4　④3　⑤1　⑥2

接続詞
せつぞくし

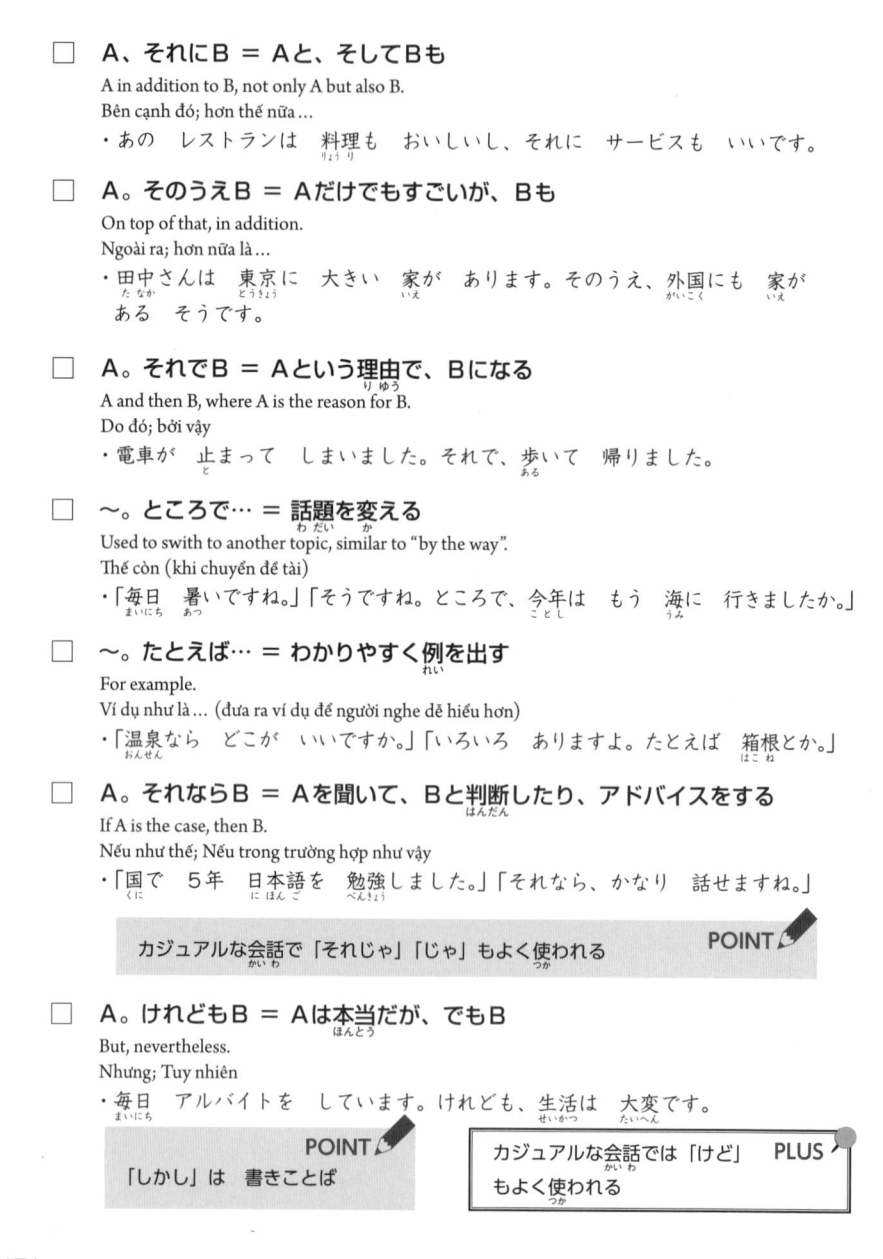

☐ **A、それに B ＝ A と、そして B も**
A in addition to B, not only A but also B.
Bên cạnh đó; hơn thế nữa ...
・あの　レストランは　料理も　おいしいし、それに　サービスも　いいです。

☐ **A。そのうえ B ＝ A だけでもすごいが、B も**
On top of that, in addition.
Ngoài ra; hơn nữa là ...
・田中さんは　東京に　大きい　家が　あります。そのうえ、外国にも　家が　ある　そうです。

☐ **A。それで B ＝ A という理由で、B になる**
A and then B, where A is the reason for B.
Do đó; bởi vậy
・電車が　止まって　しまいました。それで、歩いて　帰りました。

☐ **〜。ところで… ＝ 話題を変える**
Used to swith to another topic, similar to "by the way".
Thế còn (khi chuyển đề tài)
・「毎日　暑いですね。」「そうですね。ところで、今年は　もう　海に　行きましたか。」

☐ **〜。たとえば… ＝ わかりやすく例を出す**
For example.
Ví dụ như là ... (đưa ra ví dụ để người nghe dễ hiểu hơn)
・「温泉なら　どこが　いいですか。」「いろいろ　ありますよ。たとえば　箱根とか。」

☐ **A。それなら B ＝ A を聞いて、B と判断したり、アドバイスをする**
If A is the case, then B.
Nếu như thế; Nếu trong trường hợp như vậy
・「国で　5年　日本語を　勉強しました。」「それなら、かなり　話せますね。」

> **POINT** カジュアルな会話で「それじゃ」「じゃ」もよく使われる

☐ **A。けれども B ＝ A は本当だが、でも B**
But, nevertheless.
Nhưng; Tuy nhiên
・毎日　アルバイトを　しています。けれども、生活は　大変です。

> **POINT**「しかし」は　書きことば

> **PLUS** カジュアルな会話では「けど」もよく使われる

敬語
けいご

特別な敬語
とくべつ けいご

	尊敬語（相手に） Honorific form Tôn kính ngữ (dùng cho đối phương)	謙譲語（自分に） Humble form Khiêm nhường ngữ (dùng cho mình)
言う	おっしゃいます	申します、申し上げます
する	なさいます	いたします
いる	いらっしゃいます	おります
行く・来る	いらっしゃいます	まいります
聞く・訪問する	―	うかがいます
食べる・飲む	めしあがります	いただきます
見る	ごらんになります	はいけんします
知っている	ご存じです（ご存じじゃありません）	存じています（存じません）

尊敬語　Honorific form / Tôn kính ngữ (dùng cho đối phương)

① お＋Vます形＋になる、ご～になる

・先生は　何時ごろ　お帰りに　なりますか。

> お＋Vます形＋になる

② ～（ら）れる

・フランスへ　行かれた　ことは　ありますか。

> Ⅰグループ：ない形＋れる
> Ⅱグループ：ます形＋られる
> Ⅲグループ：こられる、される

③ お～ください＝目上の人やサービスで、相手にすすめる

Honorific form of requesting someone (for example a senior person or a client) to do something.
Xin hãy... (với người lớn hơn hoặc dùng trong các ngành dịch vụ)

・どうぞ　こちらに　おすわり　ください。

・少々　お待ち　ください。

> お＋Vます形＋ください

謙譲語　Humble form / Khiêm nhường ngữ (dùng cho mình)

お～する、ご～する

・明日　までに　こちらから　お電話　します。

> **POINT**
> 相手のためにすることだけ
> ・わたしは　毎日　7時ごろ
> 　家に　お帰りします。（×）
> →帰ります（○）

丁寧語　Polite form / Lịch sự ngữ

～ございます＝「あります」「です」の丁寧表現

Polite equivalent of "arimasu" or "desu".
Cách dùng lịch sự của "arimasu" và "desu", có nghĩa: "là"

・同じデザインの　Lサイズも　ございます。

にほんごコラム

「は」と「が」は、どう ちがう?

日本語の中でも 多くの人が「むずかしい」と いうのが 助詞。では、問題です。

A「わたしは 山田です」　　B「わたしが 山田です」

どちらも 正しい 日本語ですが、何が ちがうか 答える ことが できますか。

みなさんが 初めて 会った 人に 言うのは Aですね。「わたし」は ここに いますが、名前が わかりませんから、「新しい 情報=山田」を 「わたしは~」の 後に 言います。

Bの ほうは、「山田という人」が いることは 知られて いますが、だれが 山田か わからないとき、「~が山田です」の 前に 「新しい 情報=わたし」を つたえているのです。

かんたんに いうと、「~は」の 後に 「新しい 情報」、「~が」の 前に 「新しい 情報」が あるということです。

ちょっと 思い出して ください。

A「あれは 何ですか」　　B「あれは レストランです」
A「どれが いいですか」　　B「これが いいです」

「は」の 後と、「が」の 前に 疑問のことばが ありますね。

では、問題を 一つ。「日本語の 勉強（　）どうですか」の（　）に 入るのは?

—そう。もちろん、答えは「は」ですね。

<ことば>

＊情報= Information　Thông tin　　＊疑問= Question　Nghi vấn

かくにんテスト

**では、じっさいの 試験に 合わせた 問題に
チャレンジして みましょう！**

Try the Review Test modeled after the JLPT test!
Chúng ta cùng thử sức với các câu hỏi tổng hợp từ những đề thi thực tế nhé!

**1回40問、ぜんぶで 5回 チャンスが あります。
20分で やって、5分で チェック。あわせて 25分で
80点以上 とれるように がんばりましょう！**

There are 5 tests in total. Each test includes 40 questions. Try to finish within 20 minutes for one test.
You should aim for a score of at least 80 points!
1 bài sẽ có 40 câu, và tổng cộng chúng ta sẽ có cơ hội làm 5 bài.
Các em cố gắng cứ 20 phút làm bài thì dành ra 5 phút kiểm tra (tổng cộng 25 phút) và cố gắng đạt 80 điểm trở lên nhé!

これが ポイント

まちがえて しまったら、
おぼえるまで 何回も やってみよう！！

16日目（1回目） かくにんテスト N4

まず 1回目に チャレンジ！

もんだい1 ＿＿＿の ことばは ひらがなで どう かきますか。
1・2・3・4から いちばん いい ものを 一つ えらんで ください。

(2×5＝10)

1 大学で 日本の 歴史を べんきょう したいです。

　1　れきじ　　　2　れいじ　　　3　れきし　　　4　れいし

2 日本の 経済は だんだん よく なるでしょう。

　1　きょうざい　2　けいさい　　3　けいざい　　4　きょうさい

3 さいきん 外国からの かんこうきゃくが ふえて います。

　1　そとくに　　2　そとこく　　3　がいくに　　4　がいこく

4 あさごはんを 済まして 7時に いえを 出ました。

　1　すまして　　2　さまして　　3　だまして　　4　さいまして

5 かぜが 治ったので あしたから 学校へ 行きます。

　1　おさまった　2　なおった　　3　はらった　　4　へった

かくにんテスト 16日目（1回目）

もんだい2 ＿＿＿＿の ことばは どう かきますか。
1・2・3・4から いちばん いいものを 一つ えらんで ください。
（2×5＝10）

6 この いしは とても めずらしい ものです。

1 地　　　2 池　　　3 岩　　　4 石

7 わかものは あまり せいじに きょうみが ないようです。

1 正史　　2 政治　　3 政史　　4 正治

8 日本への りゅうがくは とても いい けいけんです。

1 経験　　2 軽験　　3 係験　　4 径験

9 おなかが いっぱいで、とても ねむいです。

1 寝い　　2 睡い　　3 眠い　　4 民い

10 わたしは こくごより すうがくが すきです。

1 国後　　2 国語　　3 国話　　4 国言

もんだい3　（　　　）に 何を いれますか。
1・2・3・4から いちばん いい ものを 一つ えらんで ください。

(2 × 6 = 12)

[11] ゆきの 日に （　　　） けがを しました。

1　さわって　　　2　さがって　　　3　すべって　　　4　すすんで

[12] わすれものを したので いえへ （　　　）ました。

1　もどり　　　2　なおり　　　3　はこび　　　4　つき

[13] じぶんの かいしゃを つくるのが わたしの （　　　）です。

1　きょうみ　　　2　ようじ　　　3　しゅみ　　　4　ゆめ

[14] 山下先生は とても （　　　） おしえて くださいます。
　　　やました

1　ひつように　　　2　ねっしんに　　　3　やわらかく　　　4　めずらしく

[15] かんじが （　　　） おぼえられません。

1　なかなか　　　2　ぜひ　　　3　なるほど　　　4　そろそろ

[16] この ゲームを やってみたいんですが、（　　　）が よく わかりません。

1　ルール　　　2　マナー　　　3　サイン　　　4　テープ

かくにんテスト 16日目（1回目）

もんだい4 ＿＿＿＿の ぶんと だいたい おなじ いみの ぶんが あります。1・2・3・4から いちばん いい ものを 一つ えらんで ください。

（2×4＝8）

17 父は あまり あやまらない 人です。
1　父は あまり 「ごめんなさい」と 言いません。
2　父は あまり 「おはようございます」と 言いません。
3　父は あまり 「だめだ」と 言いません。
4　父は あまり 「がんばったね」と 言いません。

18 きのうの パーティーには 50人 いじょう 来ていました。
1　きのうの パーティーに 来たのは ちょうど 50人でした。
2　きのうの パーティーに 来たのは 50人より 少なかったです。
3　きのうの パーティーに 来たのは 50人か それより 多かったです。
4　きのうの パーティーに 来たのは 50人 かもしれません。

19 この どうぶつは 日本では めずらしいです。
1　この どうぶつは 日本で うまれました。
2　この どうぶつは 日本で あまり 見ません。
3　この どうぶつは 日本に たくさん います。
4　この どうぶつは 日本しか いません。

20 あの 店は ちっとも おいしくないです。
1　あの 店は あまり おいしくないです。
2　あの 店は すこし おいしくないです。
3　あの 店は ぜんぜん おいしくないです。
4　あの 店は だいたい おいしくないです。

もんだい5　つぎの　ことばの　つかいかたで　いちばん　いい　ものを
1・2・3・4から　一つ　えらんで　ください。

(3×4＝12)

21 下りる
1　くすりを　飲んだら　ねつが　下りました。
2　また　おきゅうりょうが　下りて　しまいました。
3　この　かいだんを　下りると　右に　トイレが　あります。
4　学校の　せいせきが　だんだん　下りて　きました。

22 いちど
1　あの　人とは　もう　いちどと　会いたく　ないです。
2　アメリカへ　いちども　行った　ことが　ありますか。
3　みんなで　いちどに　りょこうに　行きましょう。
4　ほっかいどうへ　いちど　行って　みたいです。

23 ひどい
1　ことしは　ひどい　さむさで、ゆきも　たくさん　ふりました。
2　この　へやは　ひどいから　ずっと　すみたいです。
3　ちょっと　ひどい　コーヒーを　飲みませんか。
4　きょうは　ひどい　いい　天気ですね。
　　　　　　　　　　　　　てんき

24 けっして
1　いつ　りょこうに　行くか　けっして　いません。
2　あの　人は　けっして　先生の　おくさんです。
3　この　話は　けっして　ほかの　人に　言わないで　ください。
4　けっして　日本へ　りゅうがくしました。

もんだい6 （　　　）に 何を いれますか。
1・2・3・4から いちばん いい ものを 一つ えらんで ください。
(3×6＝18)

25 田中先生は かぜ（　　　） 今日は お休みです。
　1　ので　　　2　にで　　　3　で　　　4　を

26 アルバイトが 休めるのは 週に 一回（　　　）です。
　1　だけ　　　2　も　　　3　しか　　　4　は

27 母親「ゲームを する前に しゅくだいを （　　　）なさい。」
　子ども「言われなくても わかってるよ。」
　1　やる　　　2　やら　　　3　やり　　　4　やれ

28 A「よかったら いっしょに ランチに 行きませんか。」
　B「すみません。さっき （　　　）なんです。」
　1　食べる ばかり　　　2　食べた ばかり
　3　食べて ばかり　　　4　食べた つもり

29 学生「学校を 休む ときは （　　　） すれば いいですか。」
　先生「学校か わたしに 電話して ください。」
　1　どう　　　2　どんな　　　3　どういう　　　4　どうやって

30 テストの とき けしゴムを わすれて、リーさんに 貸して （　　　）。
　1　くれました　　　2　あげました
　3　ください　　　　4　もらいました

もんだい7 ＿＿★＿＿に 入る ものは どれですか。
1・2・3・4から いちばん いい ものを 一つ えらんで ください。

(3×5＝15)

31 A「こんどの 週末に ふじ山に のぼるんです。」
　 B「じゃ、＿＿＿＿ ＿＿＿＿ ＿★＿＿ ＿＿＿＿ ひつようですね。」

　　1 やすい　　　2 くつ　　　3 歩き　　　4 が

32 子ども「お母さん、学校の 帰りに 買って くる ものは ある?」
　 母親　「ううん。今日は ＿＿＿＿ ＿＿＿＿ ＿★＿＿ ＿＿＿＿
　　　　　 いいわよ。」

　　1 どこ　　　2 よらなく　　　3 にも　　　4 て

33 あつい 日に ＿＿＿＿ ＿＿＿＿ ＿★＿＿ ＿＿＿＿ するのは
よくない。

　　1 に　　　2 水を　　　3 スポーツ　　　4 飲まず

34 会社に ＿＿＿＿ ＿＿＿＿ ＿★＿＿ ＿＿＿＿ ないと いけません。

　　1 ときは　　　2 連絡し　　　3 おくれる　　　4 1分でも

35 小林「飲み会の ばしょは きまりましたか。」
　 石田「ええ、あとは ＿＿＿＿ ＿＿＿＿ ＿★＿＿ ＿＿＿＿ だけです。」

　　1 来る　　　2 かくにんする　　　3 か　　　4 何人

かくにんテスト 16日目（1回目）

もんだい8 　36　 から 　40　 に 何を いれますか。文章の 意味を かんがえて、1・2・3・4から いちばん いい ものを 一つ えらんで ください。
（3×5＝15）

つぎの 文章は マリアさんが 友だちに 書いた メールです。

あやちゃん
　こんにちは、マリアです。ひさしぶりですが、元気ですか。
さいきん 日本語の 試験の 　36　 、毎日 たくさん 勉強して います。
漢字も むずかしいけど、　37　 たいへんです。
長い 文を 　38　 時間が かかるから。
日本語は ほんとうにむずかしいですね。でも、がんばります。
　試験は12月のはじめだから、終わったら あやちゃんに 会いたいです。
おいしいものを 　39　 いろいろ 話を しましょう。
あやちゃんも 時間が あったら 　40　 ね。
じゃ、またね。
マリア

36　1　ように　　2　からに　　3　ために　　4　ので

37　1　読解のほうが　　　2　読解ほど
　　3　読解だけ　　　　　4　読解より

38　1　読んだのに　　　　2　読むのに
　　3　読んでも　　　　　4　読むように

39　1　食べたから　　　　2　食べて おいて
　　3　食べたまま　　　　4　食べながら

40　1　れんらく するでしょう　　2　れんらく しましょう
　　3　れんらく したらいいです　　4　れんらく ください

218ページで こたえを かくにん！

得点 ／100

17日目（2回目） かくにんテスト

25分のイメージ、わかったかな？

もんだい1 ＿＿＿＿＿の ことばは ひらがなで どう かきますか。
1・2・3・4から いちばん いい ものを 一つ えらんで ください。

（2×5＝10）

1 いもうとは バレエの 天才 かもしれません。

　　1　ざいのう　　2　てんざい　　3　さいのう　　4　てんさい

2 田中先生の 説明は とても わかり やすいです。

　　1　しょうめい　　2　せいめい　　3　せつめい　　4　せつみょう

3 きのう 習った ことばを もう わすれて しまいました。

　　1　ならった　　2　まなった　　3　ねった　　4　ぬった

4 ちょっと これを 運ぶのを てつだって ください。

　　1　あそぶ　　2　ころぶ　　3　はこぶ　　4　ならぶ

5 そんなに ねていないで すこし 動いたら？

　　1　あるいた　　2　はたらいた　　3　のぞいた　　4　うごいた

かくにんテスト　17日目（2回目）

もんだい2　＿＿＿＿＿の　ことばは　どう　かきますか。
1・2・3・4から　いちばん　いいものを　一つ　えらんで　ください。

（2×5＝10）

6　かんじは　なんかいも　れんしゅうしないと　おぼえられません。

1　練休　　　　2　練習　　　　3　錬習　　　　4　練集

7　子どもの　ときから　すいえいが　すきでした。

1　水永　　　　2　水氷　　　　3　水泳　　　　4　水詠

8　車を　うんてんして　キャンプに　行きました。

1　運転　　　　2　運動　　　　3　動転　　　　4　運店

9　あと　5分しか　ありませんから　はしりましょう。

1　急り　　　　2　歩り　　　　3　走り　　　　4　徒り

10　どうぶつの　中で　パンダが　いちばん　すきです。

1　運物　　　　2　動物　　　　3　働物　　　　4　植物

もんだい3　（　　　）に　何を　いれますか。
1・2・3・4から　いちばん　いい　ものを　一つ　えらんで　ください。

（2×6＝12）

11　おそい　じかんに　大きい　こえで　（　　　）で　ください。

　　1　なげない　　　2　さわがない　　　3　とめない　　　4　うつさない

12　出かける　前に　まどを　（　　　）ましたか。

　　1　さげ　　　　2　うつし　　　　3　しめ　　　　4　つけ

13　さいきん　（　　　）の　へやの　ある　アパートが　少なく　なりました。

　　1　たたみ　　　　2　やね　　　　3　たな　　　　4　すみ

14　しごとは　いそがしくて　（　　　）ですが、がんばります。

　　1　たのしい　　　2　うまい　　　3　こわい　　　4　つらい

15　この　アルバイト、あなたに　（　　　）ですよ。

　　1　すっかり　　　2　いっぱい　　　3　ぴったり　　　4　ちっとも

16　はしるのが　すきで　（　　　）を　はじめました。

　　1　スピード　　　2　マラソン　　　3　バーゲン　　　4　オーバー

かくにんテスト　17日目（2回目）

もんだい4　＿＿＿＿＿＿の ぶんと だいたい おなじ いみの ぶんが あります。1・2・3・4から いちばん いい ものを 一つ えらんで ください。

(2×4＝8)

17　よわい 人を いじめるのは やめなさい。
1　よわい 人が いやがる ことを しては いけません。
2　よわい 人を たすけては いけません。
3　よわい 人を きらいに なっては いけません。
4　よわい 人に おねがいしては いけません。

18　かれの 話は うそが 多いです。
1　かれの 話は 人から 聞いた ことだけです。
2　かれの 話は あたらしい ことが 多いです。
3　かれの 話は とても おもしろいです。
4　かれの 話は ほんとうの ことが 少ないです。

19　問題が あったら ちょくせつ わたしに 言って ください。
1　問題が あったら ほかの人じゃなくて、わたしに 言って ください。
2　問題が あったら あとで わたしに 言って ください。
3　問題が あったら たぶん わたしに 言って ください。
4　問題が あったら でんわで わたしに 言って ください。

20　あした までに これを やるのは むりです。
1　これは あしたまでに やるのが いいです。
2　これは あしたまでに やることは できません。
3　これは あしたまでに やって ほしいです。
4　これは あしたまでに かんたんに できます。

もんだい5 つぎの ことばの つかいかたで いちばん いい ものを
1・2・3・4から 一つ えらんで ください。

（3×4＝12）

21 かける
1 国の りょうしんに あんしんを かけて います。
2 くさの 上に かけて おべんとうを 食べましょう。
3 どうぞ こちらの いすに かけて ください。
4 この くつは どこに かけたら いいですか。

22 おくじょう
1 テストで 100てんを とって クラスの おくじょうに なりました。
2 おくじょうの ほしが とても きれいです。
3 なつは おくじょうから 花火が きれいに 見えます。
4 この へやの おくじょうは 3メートル くらいです。

23 よしゅう
1 まいにち よしゅうを わすれないで くださいね。
2 きょう べんきょうしたことを よしゅう してくださいね。
3 しごとが いそがしくて 毎日 よしゅうです。
4 学校で テニスの よしゅうを しています。

24 じゃま
1 これを はこぶのを じゃまして くれませんか。
2 今は アルバイトを していないから すこし じゃまです。
3 べんきょうするときは おんがくが じゃまに なります。
4 体が じゃまだったら むりしないで ください。

かくにんテスト　17日目（2回目）

もんだい6　（　　　）に　何を　いれますか。
1・2・3・4から　いちばん　いい　ものを　一つ　えらんで　ください。

(3×6＝18)

25　この　くつは　バーゲンで　3,000円（　　　）買いました。
　　1　で　　　　2　に　　　　3　だけ　　　　4　と

26　試験の　もうしこみは　今月の　30日（　　　）です。
　　1　までに　　2　まで　　　3　だけに　　　4　だけ

27　先生「夏休みは　どう　するんですか。」
　　学生「国へ　帰って　（　　　　　）つもりです。」
　　1　友だちに　会おう　　　2　友だちに　会う
　　3　友だちに　会いたい　　4　友だちに　会った

28　A「何か　へんな　においが　（　　　）。」
　　B「そうですね。何か　もえている　みたいですね。」
　　1　ありませんか　　　2　しませんか
　　3　とりませんか　　　4　なりませんか

29　A「日本の　生活は　どうですか。」
　　B「たいへんですが、しょうらいの　（　　　）がんばります。」
　　1　ように　　2　ことに　　3　ために　　4　そうに

30　あの　店は　ねだんが　（　　　）すぎて、あまり　きゃくが　いません。
　　1　高くて　　2　高く　　3　高　　4　高い

もんだい7 ＿＿★＿＿に 入る ものは どれですか。
1・2・3・4から いちばん いい ものを 一つ えらんで ください。

（3×5＝15）

31 A「あれ？ 田中さんは もう 帰ったん ですか。」
　 B「ええ。＿＿＿＿ ＿＿＿＿ ＿★＿＿ ＿＿＿＿ みたいですよ。」

　 1 しまった　　2 何も　　　3 帰って　　4 言わずに

32 A「今晩 たいふうが 来る そうですよ。」
　 B「もうすぐ ＿＿＿＿ ＿＿＿＿ ＿★＿＿ ＿＿＿＿ ますね。」

　 1 ふき　　　2 強い　　　3 はじめ　　4 風が

33 妹は ないて いたのに ＿＿＿＿ ＿＿＿＿ ＿★＿＿ ＿＿＿＿、
　 びっくりしました。

　 1 だして　　2 声で　　　3 わらい　　4 大きい

34 これは あつい ＿＿＿＿ ＿＿＿＿ ＿★＿＿ ＿＿＿＿ カップです。

　 1 ものを　　2 にくい　　3 入れても　　4 われ

35 田中「きのうの 飲み会は どうだった？」
　 山本「カラオケに 行ったんだけど、部長 ＿＿＿＿ ＿＿＿＿ ＿★＿＿
　 ＿＿＿＿ たいへんだったよ。」

　 1 歌　　　　2 に　　　　3 を　　　　4 歌わされて

かくにんテスト　17日目（2回目）

もんだい8　　36　から　40　に　何を　いれますか。文章の　意味を
かんがえて、1・2・3・4から　いちばん　いい　ものを　一つ　えらんで
ください。
（3×5＝15）

みなさんは　日本の　スーパーから　バナナが　なくなった　話を　知っていますか。
　もちろん、朝は　たくさん　ありましたが、午後になって　36　、バナナ売り場には　バナナは　ぜんぜん　ありませんでした。それは、テレビ番組で「バナナ・ダイエット」が　37　からです。
　今は　もう　その　ブームは　終わりましたが、日本人の　じょせいが「わたし、ダイエットを　して　いるの」　38　話を　よく　聞きます。どうして　そんなに　ダイエットを　するのか、とても　ふしぎです。そう　言う　人で、太っている　人は　あまり　39　。もしかしたら　ダイエットは　日本人の　40　。

36　1　行っても　　　2　行くなら　　　3　行くとき　　　4　行ったし

37　1　しょうかいさせた　　　　　2　しょうかいされた
　　3　しょうかいさせられた　　　4　しょうかいしてやった

38　1　の　　　　2　と　　　　3　とか　　　　4　という

39　1　多いですから　　　　　2　多いからでしょう
　　3　多くないですから　　　4　多くないらしいから

40　1　しゅみの　つもりです　　　2　しゅみ　かもしれません
　　3　しゅみの　はずがありません　4　しゅみの　ようにします

219ページで　こたえを　かくにん！

得点　／100

18日目（3回目） かくにんテスト N4

もう 80点は クリアできたよね!?

もんだい1 ＿＿＿の ことばは ひらがなで どう かきますか。
1・2・3・4から いちばん いい ものを 一つ えらんで ください。

(2×5＝10)

① わたしは きれいな 自然の 中で そだちました。

　　1　じねん　　　2　しぜん　　　3　じぜん　　　4　しねん

② 一度は 海外旅行を して みたいと おもいます。

　　1　かいがい　　2　うみそと　　3　はいがい　　4　がいかい

③ ねる まえに 顔を あらうのを わすれました。

　　1　あたま　　　2　かみ　　　　3　うで　　　　4　かお

④ うしが おいしそうに 草を 食べて います。

　　1　そう　　　　2　くさ　　　　3　はな　　　　4　き

⑤ この おさけの 原料は 何ですか。

　　1　げりょう　　2　げんりょう　3　げんり　　　4　げんろう

かくにんテスト　18日目（3回目）

もんだい2　_____の ことばは どう かきますか。
1・2・3・4から いちばん いいものを 一つ えらんで ください。

(2×5＝10)

6　みずうみの ちかくの ホテルに とまりたいです。

　　1　池　　　　2　海　　　　3　港　　　　4　湖

7　この へんに コンビニは ありませんか。

　　1　辺　　　　2　変　　　　3　近　　　　4　週

8　きのうから ずっと あたまが いたいんです。

　　1　肩　　　　2　頭　　　　4　首　　　　4　顔

9　この りょうりは ぜんぶ じぶんで つくりました。

　　1　自分　　　2　私分　　　3　自己　　　4　私文

10　なつやすみは うみへ 行く つもりです。

　　1　毎　　　　2　岸　　　　3　海　　　　4　沿

もんだい3 (　　　) に 何を いれますか。
1・2・3・4から いちばん いい ものを 一つ えらんで ください。

(2×6=12)

11 この ドラマは まだまだ (　　　) ようです。

　1　ひらく　　2　むかう　　3　つづく　　4　あがる

12 もう 少し ここに いて、雨が (　　　) 出かけましょう。

　1　とまったら　2　やんだら　3　ぬれたら　4　あげたら

13 いそいで いて、レジで (　　　) を もらうのを わすれました。

　1　みやげ　　2　おどり　　3　みまい　　4　おつり

14 しおと さとうを まちがえて (　　　) あじに なった。

　1　へんな　　2　ふかい　　3　にがい　　4　べつべつな

15 あしたは (　　　) 1時から かいぎだと おもいます。

　1　たとえば　2　しっかり　3　たしか　　4　はっきり

16 (　　　) に のって、うりばを 見ながら 上に 行きます。

　1　デパート　　　2　エレベーター
　3　エスカレーター　4　オートバイ

かくにんテスト　18日目（3回目）

もんだい4　＿＿＿＿＿の　ぶんと　だいたい　おなじ　いみの　ぶんが　あります。1・2・3・4から　いちばん　いい　ものを　一つ　えらんで　ください。

（2×4＝8）

17　日本の　車は　せかいじゅうに　ゆしゅつされて　います。
　1　日本は　車を　せかいから　買って　います。
　2　日本は　車を　せかいに　うって　います。
　3　日本の　車を　せかいで　つくって　います。
　4　日本の　車を　せかいが　しっています。

18　外国語で　かいわするのは　むずかしいです。
　1　ほかの　国の　ことばで　書くのは　むずかしいです。
　2　ほかの　国の　ことばで　読むのは　むずかしいです。
　3　ほかの　国の　ことばを　聞くのは　むずかしいです。
　4　ほかの　国の　ことばで　話すのは　むずかしいです。

19　この　パンフレットは　ごじゆうに　おとり　ください。
　1　いまだけ　パンフレットを　もって　いっても　いいです。
　2　じゆうな　パンフレットを　さしあげます。
　3　パンフレットを　もらうのに　お金は　いりません。
　4　パンフレットを　ここに　もって　きて　ください。

20　日本は　やっぱり　すみやすいと　おもいます。
　1　日本は　まあまあ　すみやすいです。
　2　日本は　おもったとおり　すみやすいです。
　3　日本は　今も　むかしも　すみやすいです。
　4　日本は　いちばん　すみやすいです。

もんだい5 つぎの ことばの つかいかたで いちばん いい ものを 1・2・3・4から 一つ えらんで ください。

(3 × 4 = 12)

[21] きょうそう
1 パソコンを 買うなら よく きょうそうしたほうが いいですよ。
2 友だちと どちらが はやく はしれるか きょうそうしました。
3 あしたは サッカーの きょうそうを 見に 行きます。
4 かのじょと わたしは とても いい きょうそうです。

[22] ゆれる
1 ずっと たたみに すわって いると 足が ゆれます。
2 おなかが すいて ゆれて しまいました。
3 きのうの じしんは けっこう ゆれました。
4 けさ めざましどけいが ゆれませんでした。

[23] おたく
1 あしたは 何時ごろの おたく ですか。
2 この あたりも たくさん おたくが できましたね。
3 わたしの おたくは 田中さんの ちかくです。
4 あしたの 3時ごろ おたくに うかがいます。

[24] まわり
1 来月の まわりに 休みを とる つもりです。
2 さいきん こうえんの まわりを はしって います。
3 へやに まわりの テーブルを おきました。
4 ただしい ものに まわりを つけて ください

かくにんテスト　18日目（3回目）

もんだい6　（　　　）に 何を いれますか。
1・2・3・4から いちばん いい ものを 一つ えらんで ください。

（3×6＝18）

25　きのうの コンサートは ファンが 5万人（　　　）集まりました。
　　1　と　　　　　2　に　　　　　3　も　　　　　4　までも

26　田中さんは 3さい から 10さい（　　　）アメリカで 育ちました。
　　1　まで　　　　2　だけ　　　　3　までに　　　4　しか

27　A「これから みんなで 食事に 行くんだけど、いっしょに どう？」
　　B「ごめん。（　　　）、ちょっと 用事が あるんだ。」
　　1　行きたいのに　　　　2　行きたいんだけど
　　3　行きたいので　　　　4　行きたがっているけど

28　ジョン「チンさんが アルバイトしている お店、有名だよね。」
　　チン「うん。おいしいから、一度（　　　）みて。」
　　1　来た　　　　2　来て　　　　3　来たら　　　4　来る

29　A「アルバイトの めんせつに うかがいました。」
　　B「では、こちらの 部屋に （　　　）。」
　　1　お入りに なります　　　2　お入り しましょう
　　3　お入り いただきますか　4　お入り ください

30　まどを （　　　）出かけて しまって、どろぼうに 入られました。
　　1　あけたまま　　　　　　2　あけつづけて
　　3　あけないように　　　　4　あけおわって

もんだい7 ___★___ に 入る ものは どれですか。
1・2・3・4から いちばん いい ものを 一つ えらんで ください。

(3×5＝15)

[31] A「この 漢字は どういう 意味ですか。」
　　 B「それは ここで _____ _____ ___★___ _____
　　　 意味です。」

　　 1 という　　2 いけない　　3 たばこを　　4 すっては

[32] A「あしたの やくそくを あさってに して くれない？」
　　 B「うん。わたしは _____ _____ ___★___ _____ よ。」

　　 1 かまわない　　2 あさって　　3 ぜんぜん　　4 でも

[33] 来週の パーティーの ために _____ ___★___ _____
　　 おきましょう。

　　 1 つめたい　　2 買って　　3 何か　　4 ものを

[34] 日本の 人口は _____ _____ ___★___ _____ と 思います。

　　 1 いく　　2 へって　　3 も　　4 これから

[35] 山本「小林さん、どうしたんですか。」
　　 小林「さっき 電車で _____ _____ ___★___ _____ んです。」

　　 1 を　　2 しまった　　3 さいふ　　4 とられて

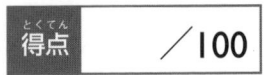

かくにんテスト 18日目（3回目）

もんだい8　　36　から　40　に　何を　いれますか。文章の　意味を
かんがえて、1・2・3・4から　いちばん　いい　ものを　一つ　えらんで
ください。　　　　　　　　　　　　　　　　　　　　　　（3×5＝15）

つぎの　文章は　王さんが　書いた　作文です。

アルバイト

王　明

　日本へ　来てから　半年　すぎました。日本の　生活にも　なれて　36　、そろそろ　アルバイトを　始めようと　思いました。日本語学校に　はってある　ポスターを　見ましたが、何が　いい　37　わかりません。　38　、クラスの　リーさんに　コンビニを　39　。めんせつの　前は　とても　しんぱいでしたが、リーさんが「だいじょうぶ。店長も　やさしいから。」と　言って　くれました。
　先週　アルバイトを　40　いそがしく　なりました。でも、今までと　ちがう　生活が　スタートしました。店長さんも　ほかの　アルバイトの　人も　とても　親切です。
　これからも　がんばろうと　思います。

36　1　いきますから　　　　2　ありますから
　　3　きましたから　　　　4　みますから

37　1　を　　　2　か　　　3　が　　　4　も

38　1　それで　　2　しかし　　3　それに　　4　そのうえ

39　1　しょうかいして　くれました　　2　しょうかいして　もらいました
　　3　しょうかいして　やりました　　4　しょうかいして　あげました

40　1　始めてから　　　　2　始めるのに
　　3　始めれば　　　　　4　始めても

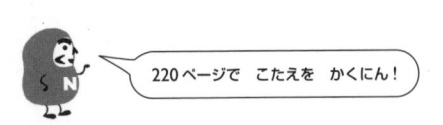

19日目 (4回目) かくにんテスト

合格ラインは すぐそこだよ！

もんだい1 ＿＿＿＿の ことばは ひらがなで どう かきますか。
1・2・3・4から いちばん いい ものを 一つ えらんで ください。

（2×5＝10）

1 じゅぎょうの おわりの ベルが 鳴りました。

　1　もり　　　2　なり　　　3　たり　　　4　のり

2 あの かたが 田中さんの 奥さんです。

　1　おくさん　　　2　むすめさん
　3　あねさん　　　4　いもうとさん

3 この とりは 羽の いろが とても きれいです。

　1　う　　　2　ば　　　3　はね　　　4　むし

4 父は むかし 池で およいで いたそうです。

　1　うみ　　　2　いけ　　　3　たに　　　4　みずうみ

5 馬に のった ことは ありません。

　1　とら　　　2　うし　　　3　くま　　　4　うま

かくにんテスト 19日目(4回目)

もんだい2 ＿＿＿の ことばは どう かきますか。
1・2・3・4から いちばん いいものを 一つ えらんで ください。
(2×5＝10)

6 子どもの とき よく 山で むしを とりました。

　1 羽　　　　2 牛　　　　3 虫　　　　4 鳥

7 うちで いろいろな やさいを つくって います。

　1 野オ　　　2 野菜　　　3 八菜　　　4 八オ

8 大学の しょくどうは いろいろな メニューが あって、安いです。

　1 食道　　　2 食堂　　　3 食同　　　4 食店

9 けいたいでんわの でんちが なくなりそうです。

　1 電地　　　2 電他　　　3 電弛　　　4 電池

10 人から かりた ものは きちんと かえしなさい。

　1 元し　　　2 帰し　　　3 返し　　　4 戻し

もんだい3　（　　　）に　何を　いれますか。
1・2・3・4から　いちばん　いい　ものを　一つ　えらんで　ください。

(2×6＝12)

11　二つを　（　　　　）安い　ほうを　買いました。

　1　たずねて　　2　かけて　　3　くらべて　　4　きょうそうして

12　あしたの　しあいは　ぜったい　（　　　　）です。

　1　たりたい　　2　かちたい　　3　おりたい　　4　おこりたい

13　ゆうびんきょくの　（　　　　）で　小林さんに　会いました。

　1　あと　　2　かど　　3　かげ　　4　かべ

14　母から　もらった　ダイヤを　（　　　　）しています。

　1　だいじに　　2　うれしく　　3　しんせつに　　4　ひつように

15　にくは　すきじゃありませんが、（　　　　）食べる　ようにして　います。

　1　けっして　　2　そんなに　　3　あまり　　4　できるだけ

16　かばんに　（　　　　）が　あると　べんりです。

　1　ポケット　　2　サイン　　3　カップ　　4　コート

もんだい4 ＿＿＿＿の ぶんと だいたい おなじ いみの ぶんが あります。1・2・3・4から いちばん いい ものを 一つ えらんで ください。
(2×4＝8)

17 「ホームでの おたばこは ごえんりょ ください。」
1 ホームで たばこを 少し すっても いいです。
2 ホームで たばこを すわないほうが いいです。
3 ホームで たばこを すっては いけません。
4 ホームで たばこを すうときは 気をつけてください。

18 ピザ屋さんに 電話すると、30分いないに 来て くれます。
1 ピザ屋さんは 30分ちょっとで 来て くれます。
2 ピザ屋さんは 30分か 少し 早く 来て くれます。
3 ピザ屋さんは 食べる 30分前に 来て くれます。
4 ピザ屋さんは ちょうど 30分で 来て くれます。

19 この 川は とても あさいです。
1 この 川は ぜんぜん ふかくないです。
2 この 川は とても ひろいです。
3 この 川は かなり はやくないです。
4 この 川は だいぶ きたないです。

20 きのう 学校を 休んだ わけを おしえて ください。
1 だれが 学校を 休んだんですか。
2 学校を 休んで どこに いたんですか。
3 いつ 学校を 休んだんですか。
4 どうして 学校を 休んだんですか。

もんだい5　つぎの　ことばの　つかいかたで　いちばん　いい　ものを
1・2・3・4から　一つ　えらんで　ください。

（3 × 4 = 12）

21　むかう
　　1　かぞくに　むかって　がんばって　います。
　　2　今　学校に　むかっている　ところです。
　　3　これから　くうこうへ　友だちを　むかいに　行きます。
　　4　りゅうがくするに　むかって　ちょきんして　います。

22　ようじ
　　1　ようじが　ありますから、あしたの　レッスンは　休みます。
　　2　そろそろ　ばんごはんの　ようじを　はじめます。
　　3　にちようび　友だちと　ようじを　しています。
　　4　もう　りょこうの　ようじは　おわりましたか。

23　だめ
　　1　かぜで　明日の　デートは　だめに　しました。
　　2　いしゃに　おさけを　のんでは　だめだと　言われました。
　　3　げんかんから　だめな　音が　します。
　　4　お金が　ないから　りょこうは　だめしましょう。

24　とうとう
　　1　こたえは　とうとう　かんがえて　ください。
　　2　ゲームを　していて　とうとう　朝5時に　ねました。
　　3　はしったら　とうとう　おなかが　すきました。
　　4　はたらきすぎて　とうとう　びょうきに　なりました。

かくにんテスト 19日目（4回目）

もんだい6 （　　　）に 何を いれますか。
1・2・3・4から いちばん いい ものを 一つ えらんで ください。

（3×6＝18）

25 クリスマスに 国（くに）の 両親（りょうしん）（　　　）プレゼントを 送（おく）って くれました。
　1 に　　　2 と　　　3 が　　　4 から

26 お米（こめ）（　　　）作（つく）られた ベトナムの めんを よく 食（た）べて います。
　1 が　　　2 で　　　3 を　　　4 に

27 A「駅前（えきまえ）の さくらレストランに 行かない？」
　B「今日（きょう）は 水曜日（すいようび）だから、あそこは 休みの（　　　）けど。」
　1 はずがない　　2 はずのようだ　　3 はずらしい　　4 はずだ

28 A「こちらの びょういんは はじめてなんですが。」
　B「では こちらに お名前（なまえ）ご住所（じゅうしょ）などを （　　　）。」
　1 お書きに なりませんか　　2 お書き ませんか
　3 お書き さしあげます　　　4 お書き いただけますか

29 学生「きのうは 休んで しまって、すみませんでした。」
　先生「これからは しっかり （　　　）来て くださいね。」
　1 休んで　　2 休まずに　　3 休みながら　　4 休まなくて

30 けんこうの ために できるだけ 早（はや）く ねる （　　　）。
　1 ように なっています　　　2 ことに なります
　3 ように しています　　　　4 かもしれません

もんだい7 ＿＿★＿＿に 入る ものは どれですか。
1・2・3・4から いちばん いい ものを 一つ えらんで ください。

（3×5＝15）

31 A「たばこは すわないんですか。」
　　B「ええ、やめたんです。＿＿＿＿ ＿＿＿＿ ＿★＿＿ ＿＿＿＿ ふえて いますから。」

　　1 ところ　　2 すっては　　3 が　　4 いけない

32 A「あしたは 大雨に なりそう ですね。」
　　B「もし ＿＿＿＿ ＿＿＿＿ ＿★＿＿ ＿＿＿＿ かもしれませんね。」

　　1 なら　　2 そう　　3 中止になる　　4 しあいは

33 大きな じしんが ＿＿＿＿ ＿＿＿＿ ＿★＿＿ ＿＿＿＿ 部屋の ドアを 開けて ください。

　　1 は　　2 すぐ　　3 ばあい　　4 起きた

34 わたしが ＿＿＿＿ ＿＿＿＿ ＿★＿＿ ＿＿＿＿ 小さな 町です。

　　1 近くの　　2 のは　　3 育った　　4 海の

35 山田「田中さんは いくつも 外国語が できる そうですね。」
　　林　「ええ。外国語を ＿＿＿＿ ＿＿＿＿ ＿★＿＿ ＿＿＿＿ だと 言っていました。」

　　1 すき　　2 が　　3 勉強する　　4 の

かくにんテスト 19日目（4回目）

もんだい8　36 から 40 に 何を いれますか。文章の 意味を かんがえて、1・2・3・4から いちばん いい ものを 一つ えらんで ください。
（3×5＝15）

つぎの 文章は パクさんが 書いた 作文です。

小さな 旅行

パク ヒョンジ

この前の 日曜日に わたしは とても 小さな 旅行を しました。わたしが いま住んでいる 駅から、各駅に 止まる 電車で 2時間。知らない 駅に 36 。ずいぶん 前に テレビで いなかの けしきを 見てから、ずっと 行ってみたいと 37 。

駅の 前には 何も ありませんでした。 38 、少し 歩いて いると、知らない 人たちが 「こんにちは」と 言って くれました。そして、いろいろ 親切に 教えて くれました。みどりの 中を 歩いていると とても 気分が よかったです。

東京も いいですが、東京から 2時間 39 行かなくても こんな ところ があるのです。たまには こんな 旅行も いいと 思います。 ほんとうに いい 一日に 40 。

36　1　行って しまいました　　2　行った ことが あります
　　3　行って みました　　　　4　行って おきました

37　1　思ったのでです　　　　　2　思っていたからです
　　3　思ったようにです　　　　4　思ったしです

38　1　けれども　　2　ところで　　3　それで　　4　そのうえ

39　1　しか　　2　だけ　　3　ほど　　4　も

40　1　しました　　　　　　2　なりました
　　3　なったでしょう　　　4　したいです

220ページで こたえを かくにん！

得点　　／100

20日目（5回目） かくにんテスト N4

いよいよ、ラスト1回！

もんだい1 ＿＿＿＿の ことばは ひらがなで どう かきますか。
1・2・3・4から いちばん いい ものを 一つ えらんで ください。

（2×5＝10）

① 来年の お正月は おんせんに 行きたいです。

　　1　しょうつき　　2　しょうがつ　　3　せいつき　　4　せいがつ

② ぜひ 一度 おさけを 飲みに 行きましょう。

　　1　いちど　　2　いちたび　　3　いっど　　4　ひとど

③ 日本へ 来てから ずっと 日記を 書いて います。

　　1　ひき　　2　ひっき　　3　にっき　　4　にちき

④ 空が きゅうに 暗く なりました。

　　1　さむく　　2　くらく　　3　くろく　　4　ひろく

⑤ この コートが ほしいけど、お金が 足りません。

　　1　かり　　2　あり　　3　やり　　4　たり

かくにんテスト 20日目 (5回目)

もんだい2 ＿＿＿＿ の ことばは どう かきますか。
1・2・3・4から いちばん いいものを 一つ えらんで ください。

(2 × 5 = 10)

6 さいきん しごとが とても いそがしいです。

　　1　私事　　　　2　仕言　　　　3　仕事　　　　4　私言

7 先生の じは とても 読みやすいです。

　　1　字　　　　2　学　　　　3　書　　　　4　写

8 いちばん たいせつな ものは かぞくです。

　　1　太切　　　　2　犬切　　　　3　代切　　　　4　大切

9 きのう 友だちに かさを かりました。

　　1　売り　　　　2　買り　　　　3　借り　　　　4　貸り

10 ここは しみんの ための こうえんです。

　　1　市民　　　　2　市氏　　　　3　私民　　　　4　私氏

もんだい3　（　　　）に 何を いれますか。
1・2・3・4から いちばん いい ものを 一つ えらんで ください。

（2×6＝12）

11 かのじょの たんじょうびを わすれて、とても（　　　）ました。

　1　はんたいされ　　2　おこられ　　3　さわがれ　　4　なげられ

12 会社の あきの りょこうは かんこくに（　　　）ました。

　1　きまり　　2　つき　　3　あがり　　4　よういし

13 あしたは（　　　）が わるいんですが、あさってなら だいじょうぶです。

　1　りゆう　　2　ようじ　　3　やくそく　　4　つごう

14 この 4つの 中から（　　　）こたえを えらびましょう。

　1　やさしい　　2　はずかしい　　3　ただしい　　4　こまかい

15 ふるさとは 10年前と（　　　）かわって しまいました。

　1　たいてい　　2　すっかり　　3　しばらく　　4　とうとう

16 けっこんするなら どんな（　　　）の だんせいが いいですか。

　1　マウス　　2　ソフト　　3　プロ　　4　タイプ

もんだい4 ＿＿＿＿の ぶんと だいたい おなじ いみの ぶんが あります。1・2・3・4から いちばん いい ものを 一つ えらんで ください。
(2×4＝8)

17 ちこくして 先生に ちゅういされました。
1 おくれたので、先生に「じかんに おくれては いけません」と しかられました。
2 うそを ついたので、「うそは やめなさい」と しかられました。
3 友だちと けんかを したので、「けんかは やめなさい」と しかられました。
4 テストの てんが わるくて、「がんばりなさい」と しかられました。

18 トイレが あきました。
1 トイレは 人で いっぱいです。
2 トイレから 人が 出ました。
3 トイレが こわれて しまいました。
4 トイレが 見つかりました。

19 これが コンサートの かいじょうです。
1 これが コンサートの 時間です。
2 これが コンサートの ねだんです。
3 これが コンサートの ばしょです。
4 これが コンサートの うたです。

20 あねは テニスが とくいです。
1 あねは テニスが できます。
2 あねは テニスが したいです。
3 あねは テニスが へたです。
4 あねは テニスが じょうずです。

もんだい5 つぎの ことばの つかいかたで いちばん いい ものを
1・2・3・4から 一つ えらんで ください。

(3 × 4 = 12)

21 はこぶ
　1　ペットの いぬを はこんで さんぽに 行きました。
　2　やくそくの 時間を 1時間だけ はこべませんか。
　3　にもつを はこぶのに 車を かりました。
　4　きょう さいふを はこんで くるのを わすれました。

22 へんじ
　1　タクシーを よんだら すぐ へんじして くれました。
　2　友だちから まだ メールの へんじが ありません。
　3　カードで かいもの したから 来月 3万円 へんじします。
　4　かりた ものは かならず へんじ しましょう。

23 じゅうぶん
　1　おさけは これで じゅうぶんです。
　2　こんな おきゅうりょうでは じゅうぶんできません。
　3　ちょっと 出かけますから じゅうぶん まっていて ください。
　4　これから わたしが せつめいしますから じゅうぶん 聞いて ください。

24 ふつう
　1　かれは とても ふつう人です。
　2　あの 店の りょうりは ふつうに おいしくないです。
　3　駅から とおいのに バスが なくて ふつうです。
　4　わたしは ふつうの ラーメンが すきです。

かくにんテスト 20日目（5回目）

もんだい6 （　　　）に 何を いれますか。
1・2・3・4から いちばん いい ものを 一つ えらんで ください。
（3×6＝18）

25 わたしが 日本へ 来たのは、日本の アニメが （　　　）です。
　1 すきから　　2 すきので　　3 すきだから　　4 すきだし

26 何か いやな ことが あったの（　　　）、今日の かれは 元気が ない。
　1 か　　2 は　　3 に　　4 が

27 夫「また おもちゃを 買って あげたの？」
　妻「子どもは すぐ 新しい ものを （　　　）からね。」
　1 ほしい　　2 ほし　　3 ほしがる　　4 ほしく

28 A「だれか この テーブルを はこぶの てつだって （　　　）？」
　B「はい。わたしで よろしければ。」
　1 やる　　2 くれる　　3 あげる　　4 もらう

29 A「こんどの アルバイトは どう？」
　B「せんぱいたちが やさしい （　　　） とても 楽しいです。」
　1 ために　　2 からに　　3 ので　　4 だし

30 ダイエットして いますが、ときどき （　　　） ことも あります。
　1 食べようと する　　　2 食べすぎて しまう
　3 食べなくて いい　　　4 食べることに なる

もんだい7 ___★___ に 入る ものは どれですか。
1・2・3・4から いちばん いい ものを 一つ えらんで ください。

(3×5＝15)

[31] A「新しい 会社は どうですか。」
B「社員が ___ ___ ★ ___ びっくり しました。」

1 ばかり　　2 若い　　3 で　　4 女の子

[32] 学生「先生、きのうの テストは とても むずかしかったです。」
先生「これから かえしますから ___ ___ ★ ___ チェックしましょう。」

1 しっかり　　2 か　　3 まちがえた　　4 どこを

[33] リサさんの 目は、___、___ ★ ___ です。

1 のよう　　2 大きくて　　3 まるで　　4 人形

[34] わたしの 国は 南ですが、夏は ___ ___ ★ ___ です。

1 ほど　　2 日本　　3 ない　　4 あつく

[35] 田中「山下さん、おしごと おいそがしそうですね。」
山下「ええ。___ ___ ★ ___ がんばらなくては いけませんからね。」

1 の　　2 に　　3 ため　　4 かぞく

かくにんテスト 20日目（5回目）

もんだい8　36 から 40 に 何を いれますか。文章の 意味を かんがえて、1・2・3・4から いちばん いい ものを 一つ えらんで ください。　　　　　　　　　　　　　　　　　　　　　　（3×5＝15）

つぎの 文章は アインさんが 日本語学校の 先生に 書いた 手紙です。

小林先生、毎日 暑いですが、お元気ですか。長い 間 36 すみませんでした。わたしは とても 元気です。大学生に なってから 勉強も たいへんだし、アルバイトも 37 、時間が 足りません。でも、日本人の 友だちも できて、とても 楽しいです。
　38 、クラスの みんなも 元気そうです。いそがしくて なかなか 会えませんが、れんらく しています。そのとき、小林先生の 話が よく 出ます。小林先生には ほんとうに 39 。先生の メールアドレスも お聞きしましたが、今日は メールではなくて 手紙を 書きたいと 思いました。でも、まだまだ 40 すみません。日本語の 勉強は これからも つづけます。こんど 学校にも 遊びに 行きたいです。
　それでは また 手紙を 書きます。

8月15日　アイン

36　1　れんらく したあとで　　2　れんらく しませんから
　　3　れんらく せずに　　　　4　れんらく しないまま

37　1　しなければ ならないし　　2　しなくても いいし
　　3　しないはずがないし　　　　4　しないらしいし

38　1　ところが　　2　それなら　　3　たとえば　　4　ところで

39　1　おせわが ありました　　2　おせわ してくれました
　　3　おせわに なりました　　4　おせわを されました

40　1　字が へたで　　　　2　字が へたなのに
　　3　字が へたでも　　　4　字が へただと

221ページで こたえを かくにん！

得点　／100

かくにんテスト 解答・解説

1回目

| 1 | 3 | 2 | 3 | 3 | 4 | 4 | 1 | 5 | 2 |
| 6 | 4 | 7 | 2 | 8 | 1 | 9 | 3 | 10 | 2 |

11	3	12	1	13	4	14	2	15	1	16	1
17	1	18	3	19	2	20	3				
21	3	22	4	23	1	24	3				

| 25 | 3 | 26 | 1 | 27 | 3 | 28 | 2 | 29 | 1 | 30 | 4 |

31　2（3-1-**2**-4）　　32　2（1-3-**2**-4）
33　1（2-4-**1**-3）　　34　1（4-3-**1**-2）
35　3（4-1-**3**-2）

| 36 | 3 | 37 | 1 | 38 | 2 | 39 | 4 | 40 | 4 |

＜せつめい＞

20　「ちっとも〜ない」で、ぜんぜん〜ないと同じ
21　「下りる」と「下がる」の読みかたに注意
25　理由・原因の「N＋で」
26　とても少ないという気持ち
27　「Vます形＋なさい」＝命令
29　「どうする」＝何をするか　「どうやってV」＝Vのやり方
36　「Nのために」＝目的・目標
37　漢字と読解と、どちらがむずかしいか
38　「Vじしょ形＋のに」＝目的
40　友だちへのお願いをえらぶ

2回目

|1| 4 |2| 3 |3| 1 |4| 3 |5| 4
|6| 2 |7| 3 |8| 1 |9| 3 |10| 2

|11| 2 |12| 3 |13| 1 |14| 4 |15| 3 |16| 2
|17| 1 |18| 4 |19| 1 |20| 2
|21| 3 |22| 3 |23| 1 |24| 3

|25| 1 |26| 2 |27| 2 |28| 2 |29| 3 |30| 3
|31| 3（2-4-**3**-1）　|32| 1（2-4-**1**-3）
|33| 3（4-2-**3**-1）　|34| 4（1-3-**4**-2）
|35| 3（2-1-**3**-4）
|36| 1 |37| 2 |38| 4 |39| 3 |40| 2

＜せつめい＞
|25| 「（お金・時間）でV」＝それを使ってVをする
|26| 「まで」と「までに」のちがいをチェック
|28| （音・声・におい）がする
|35| 「歌う」の使役受身形（「歌わせられる」もOK）
|38| 「～という話」＝～は話の内容

3回目

|1| 2 |2| 1 |3| 4 |4| 2 |5| 2
|6| 4 |7| 1 |8| 2 |9| 1 |10| 3

|11| 3 |12| 2 |13| 4 |14| 1 |15| 3 |16| 3
|17| 2 |18| 4 |19| 3 |20| 2
|21| 2 |22| 3 |23| 4 |24| 2

|25| 3 |26| 1 |27| 2 |28| 2 |29| 4 |30| 1
|31| 2（3－4－2－1） |32| 3（2－4－3－1）
|33| 4（3－1－4－2） |34| 2（4－3－2－1）
|35| 4（3－1－4－2）
|36| 3 |37| 2 |38| 1 |39| 2 |40| 1

＜せつめい＞

|28| まだやったことがないことをする＝「Vて形＋みる」
|29| 「お＋Vます形＋ください」＝けいご
|36| 「Vて形＋くる」＝前から今までの間に変化した
　　⇔「Vて形＋いく」は今からしょうらいに変化する
|38| 何がいいかわからなかったから＝「それで」の前は理由
|40| 先週アルバイトを始めてからずっと

4回目

|1| 2 |2| 1 |3| 3 |4| 2 |5| 4
|6| 3 |7| 2 |8| 2 |9| 4 |10| 3

|11| 3 |12| 2 |13| 2 |14| 1 |15| 4 |16| 1
|17| 3 |18| 2 |19| 1 |20| 4
|21| 2 |22| 1 |23| 2 |24| 4

|25| 3 |26| 2 |27| 4 |28| 4 |29| 2 |30| 3
|31| 1（2－4－1－3） |32| 4（2－1－4－3）
|33| 1（4－3－1－2） |34| 4（3－2－4－1）
|35| 2（3－4－2－1）
|36| 3 |37| 2 |38| 1 |39| 1 |40| 2

<せつめい>

- 17 「～はごえんりょください」=「～するな」
- 21 「むかう」=その場所のほうにすすむ
- 24 「とうとう」は、長い間いろいろあって、その後どうなったか
- 25 「送ってくれました」に注意
- 29 「休まないで」も同じ
- 30 自分で気をつけていること
- 37 「～からです」は〇、「～のでです」は×

5回目

| 1 | 2 | 2 | 1 | 3 | 3 | 4 | 2 | 5 | 4 |
| 6 | 3 | 7 | 1 | 8 | 4 | 9 | 3 | 10 | 1 |

11	2	12	1	13	4	14	3	15	2	16	4
17	1	18	2	19	3	20	4
21	3	22	2	23	1	24	4

25	3	26	1	27	3	28	2	29	3	30	2
31	1 (2-4-1-3)	32	2 (4-3-2-1)	33	4 (2-3-4-1)
34	4 (2-1-4-3)	35	3 (4-1-3-2)
36	3	37	1	38	4	39	3	40	1

<せつめい>

- 23 「じゅうぶん」=たくさんある(これ以上はいらない)
- 26 「～のか」=はっきりわからないけれど、話し手の考え
- 27 自分については「ほしい」、他の人については「ほしがる」
- 28 「Ⅴて形+くれる?」は、友だちや親しい人へのお願い
- 36 「れんらくをしなくて」と同じ(「すみませんでした」の理由)
- 38 トピックを変えるときに使う

索引

□ あ
（Aが）BにNをあげる 164
Vいこう形 146
人にNをいただく 165
〜おわる 114

□ か
疑問詞＋か 170
〜か…か 129
〜か（どうか） 129
〜方 112
ふつう形＋かもしれない 140
〜がります 132
人がNをくださる 165
イAくて 148
人がNをくれる 165
A。けれどもB 174
V＋こと 172
〜ことがある・こともある 122
Vじしょ形＋ことができる 136
Vじしょ形＋ことにする 145

□ さ
〜さ 172
（Aが）BにNをさしあげます 164
ふつう形＋し、（ふつう形＋し） 149
〜しか…ない 169
〜すぎる 132
Nがする 172
〜そうだ 129
Vます形＋そうだ 133
イAい・ナA＋そうだ 133
ふつう形＋そうだ 142
Vます形・イAい・ナA＋そうです 133
A。そのうえB 174
A。それでB 174
A。それならB 174

A、それにB 174

□ た
〜たことがある 124
〜だす 113
たとえば… 174
〜たばかり 125
〜たほうがいい 125
Vじしょ形＋ために 150
ふつう形＋ために 149
〜たら、… 160
〜たらいい 126
〜たらどうですか 126
〜たり（〜たり）する 124
ふつう形＋だろう（と思う） 140
〜ちゃ（じゃ） 173
〜つづける 114
Vじしょ形＋つもりだ 144
Nで 168
ナAで 148
〜てあげる 165
〜ていく 116
（人に）〜ていただく 166
〜ている 116
〜ておく 117
Nができる 136
（人が）〜てくださる 166
〜てくる 116
（人が）〜てくれる 166
Vて形 148
〜てさしあげる 166
〜てしまう 117
〜てはいけない 117
〜てみる 118
〜ても（でも）… 161
疑問詞＋でも 170
〜てもいい 118

索引

～てもかまわない	118
(人に)～てもらう	166
～てやる	166
ふつう形＋と、…	160
～というN	169
～と言っていました	129
Vいこう形＋と思います	146
ふつう形＋とか	170
～Vところだ	130
じしょ形＋ところだ	130
た形＋ところだ	130
ところで…	174
Vいこう形＋とします	146
AとBと、どちらが～	152

☐ な

AないでB	120
～ないでください	120
～ないようにする	121
AながらB	114
～なくてはいけない	121
～なくてもいい	121
～なくてもかまわない	121
～なければならない	121
Vます形＋なさい	154
～なら…	162
～なる	138
～に	168
～にくい	112
V＋の	172
ふつう形＋の？	173
ふつう形＋ので	148
V・イA・ナAな・Nな＋のです(んです)	128
Vじしょ形＋のに	150
ふつう形＋のに…	161
～のは…です	128

☐ は

ふつう形＋ばあいは…	161
N＋ばかりだ	173
～はじめる	113
ふつう形＋はずがない	141
ふつう形＋はずだ	141
AはBほど～ない	153

☐ ま

～まで…	170
～までに	170
AたままB	125
(数)も	169
人にNをもらう	164

☐ や

～やすい	112
(Aが) BにNをやる	164
ふつう形＋ようだ	142
(まるで) Nのようだ	134
Vじしょ形＋ように	150
Vじしょ形＋ように言う	154
Vじしょ形＋ようにする	144
Vじしょ形＋ようになる	138
～よていだ	122
AはBより～	152
AよりBのほうが～	152

☐ ら

Nらしい	134
ふつう形＋らしい	142

☐ わ・ん

～を	169
V・イA・ナAな・Nな＋んですが…	128

223

20日間で合格力を身につける！
日本語能力試験対策　N4 漢字・語彙・文法
Preparation for The Japanese Language Proficiency Test

2014年10月30日　第1刷発行
2025年 6月30日　第10刷発行

著　者	山田光子
監　修	遠藤由美子
発行者	前田俊秀
発行所	株式会社三修社
	〒150-0001　東京都渋谷区神宮前2-2-22
	TEL　03-3405-4511　FAX　03-3405-4522
	振替　00190-9-72758
	https://www.sanshusha.co.jp
	編集担当　藤谷寿子
編集協力	浅野未華　関利器
カバーデザイン	大郷有紀（株式会社ブレイン）
編集・DTP	有限会社ファー・インク
印刷製本	倉敷印刷株式会社

©2014 ARC Academy　Printed in Japan　　ISBN978-4-384-05779-9 C2081

JCOPY 〈出版者著作権管理機構 委託出版物〉

本書の無断複製は著作権法上での例外を除き禁じられています。複製される場合は、そのつど事前に、出版者著作権管理機構（電話 03-5244-5088 FAX 03-5244-5089 e-mail: info@jcopy.or.jp）の許諾を得てください。